英语学习与学习动机

李爱凌◎著

武汉理工大学出版社
·武汉·

内容提要

英语学习与学习动机研究是语言习得研究中一个不可回避的课题。本书以英语为出发点，重点介绍了英语作为母语的习得模式、习得特点和影响因素；英语作为第二语言习得时语言习得特点、重要理论以及影响二语习得的影响因素；英语作为第三语言习得的习得模式及特点；语言磨蚀的特点及相关理论；英语作为第二语言的习得动机研究及相关理论；英语作为第三语言的习得动机研究；消极动机等方面内容。本书对英语作为外语教学的研究有参考作用，也对外语教师的英语教学有一定指导意义。

图书在版编目（CIP）数据

英语学习与学习动机 / 李爱凌著. — 武汉：武汉理工大学出版社，2023.11
ISBN 978-7-5629-6934-1

Ⅰ.①英… Ⅱ.①李… Ⅲ.①英语—学习方法—研究
②英语—学习动机—研究 Ⅳ.①H319.3

中国国家版本馆 CIP 数据核字（2023）第 236116 号

责任编辑：廖　静
责任校对：黄玲玲　　　排　　版：任盼盼
出版发行：武汉理工大学出版社
社　　址：武汉市洪山区珞狮路 122 号
邮　　编：430070
网　　址：http://www.wutp.com.cn
经　　销：各地新华书店
印　　刷：北京亚吉飞数码科技有限公司
开　　本：170×240　1/16
印　　张：8
字　　数：127 千字
版　　次：2024 年 4 月第 1 版
印　　次：2024 年 4 月第 1 次印刷
定　　价：60.00 元

凡购本书，如有缺页、倒页、脱页等印装质量问题，请向出版社发行部调换。
本社购书热线电话：027- 87391631　87664138　87523148

·版权所有，盗版必究·

前　言

英语不仅是一门语言技能,也是打开世界大门的钥匙。无论走到哪里,英语的通用性都能为生活、工作和旅行带来便利。接触英语的时间越久,笔者就越想探知这门语言背后的秘密,包括英语历史、英语语言习得以及英语语言习得动机等。作为一名英语教师,笔者非常希望能将这些知识运用到教学中,从而丰富学生的英语知识。

以往对英语历史追溯、英语语言习得的探索以及对英语语言习得动机的研究已硕果累累。基于这些研究可以看到语言习得的普遍特征以及语言习得动机的特点。这些研究提供了广袤的土壤,让笔者充分吸收了其中的"养分",了解了英语语言习得的生动有趣。因此,也非常希望能与大家一起分享这份成果。

知识之所以能称为海洋,是因为其具有丰富性和多样性。英语知识也同样如此。英语作为一门被全世界人民广泛接受的语言,不仅是英语国家的第一语言,也是其他非英语国家的第二语言、第三语言,甚至第n门语言。英语的普及性为语言研究提供了丰富的土壤,但即便笔者很希望能阅尽所有资料,尽可能覆盖更多内容,也由于精力有限,只能略述英语海洋之点滴。本书仅是作者的第一次尝试,难免有错误或不足之处,望大家见谅!

目 录

第一章　英　语 ·· 1
　　第一节　英语的使用 ··· 2
　　第二节　关于英语的一些知识 ·· 4
第二章　英语作为母语习得 ··· 7
　　第一节　与母语习得相关的理论 ··· 8
　　第二节　母语的各年龄段习得 ··· 12
　　第三节　英语作为母语习得的特点 ··· 22
　　第四节　影响母语习得的因素 ··· 25
第三章　二语习得 ·· 31
　　第一节　二语的相关概念 ·· 34
　　第二节　二语习得解析 ··· 35
　　第三节　二语习得的相关理论 ··· 44
　　第四节　影响二语习得的因素 ··· 56
第四章　三语习得或多语习得 ·· 61
　　第一节　二语习得与三语习得 ··· 62
　　第二节　三语界定 ·· 64
　　第三节　三语习得 ·· 66
第五章　语言磨蚀 ·· 77
　　第一节　语言磨蚀的概念 ·· 78

第二节　语言磨蚀的研究对象……………………………79
第三节　语言磨蚀的产生……………………………………81
第四节　相关理论……………………………………………83

第六章　语言习得动机……………………………………85

第一节　动机理论与学习动机理论…………………………87
第二节　母语习得动机………………………………………88
第三节　二语习得动机………………………………………89
第四节　三语习得动机………………………………………97
第五节　消极动机……………………………………………99

第七章　英语作为 L2 的教学方法………………………101

参考文献……………………………………………………105

第一章

英语

第一节　英语的使用

随着历史的发展,英语已不仅是一门语言,它也是一把打开国与国之间大门的钥匙。通过英语交流,人们不仅可以了解其他国家的语言文化,也可以了解到国与国的差距。以英语为桥梁,发达国家的先进科学技术可以传播到其他国家,使其得到普及发展。英语也是全世界人民最喜爱并愿意投入学习的语言,这不仅因为英语可以让人们了解世界,也因为英语语言本身有趣易懂。英语在历史长河中得到充分的发展,其优势是其他语言不可比拟的。

英语是世界上习得人数最多的语言,是公认的世界通用语。在地球上,有接近四分之一的人在使用英语,有4亿人以英语为母语,有同等数量的人将其作为第二语言学习和使用(Monolingual Britain,2006)。英语之所以被人们普遍使用和接受,与英语国家的发展历史密不可分,与其统治阶级密切相关,也与社会发展有关。

18世纪以来,英国的殖民扩张将英语带到了世界各地。英语不仅在各殖民地被普遍使用,也在一些殖民地生根发芽,成为当地的官方语言。英国殖民者的到来虽然给当地人民带来了痛苦甚至灾难,但英语的使用也带来了贸易的便利,使得生活物资变得丰富,文化生活也更多样化。洋泾浜英语(Pidgin English)的使用就是典型的例子。在洋泾浜英语的基础上发展出来的克里奥尔语(Creole)也充分体现了英国殖民者对当地语言文化的影响。克里奥尔语甚至还成为某些国家使用最多的语言,比如非洲的几内亚比绍。也有的国家将克里奥尔语当作官方语言,比如海地克里奥尔语。在一些多语言国家,英语的出现平衡了当地语言争相占据主导地位的局面。

此外,英语在大众媒体上的传播,使人们普遍接受了这门语言。BBC英国广播公司和VOA美国之音的英文节目对英语的传播起到了极大的推动作用。在20世纪七八十年代的中国,纸质学习资源有限的情况下，BBC 或 VOA 的英语广播成为英语学习者的主要学习资源。通过这两个音频媒体，人们可以学习英语，了解外部世界和英语文化。直到现在这两类媒体的广播及视频也一直被英语学习者们普遍使用。除 BBC 及 VOA 之外，现今越来越多的英语读物及电影电视剧的易获得性也促进了英语的传播。而且，英语的传播媒介只会越来越多，影响也越来越广。在全球化的今天，各国科技文化已逐步"你我交融"，"你中有我，我中有你"的发展模式极大地推动了英语语言的传播速度。在这样的发展步伐中，英语也不再局限于美式英语或英式英语，还出现了各种变体形式。

目前，以英语为母语的国家有 12 个。使用人数最多的是美国，其次是英国、加拿大和澳大利亚。英式英语被认为是最标准的英语。区域性差异会导致英语产生一些发音差异，形成不同的英语变体。这些英语变体是当地语言与英语的结合，体现了当地的语言特点和发音特点，也展现出英语语言的特征。典型的英语变体有澳新英语、北美英语。这些英语变体与标准的英式英语大部分相同，在一些词汇发音和使用上又有别于英式英语。还有一些更小区域产生的英语变体，比如美国的方言。由于美国方言分为东部方言、中西部方言和南部方言，这些方言既有当地人的发音特点，也有英语的表达特征。美国的南部方言中，黑人发 /s/ 音时遇到塞音连缀发生音位变换，因此 ask 常被发成 [æks]，grasp 发成 [græps]。亚洲或东南亚一些国家的英语也属于区域性英语变体，比如印度英语和新加坡英语。当地人以母语的发音方式发出特有的英语口音，识别难度增加。在语言表达上也更接近母语的语言表达特点，听起来并不是非常纯正的英语表达，但不影响沟通交流。这些英语变体都与英国的政治变革和对外扩张有关，体现了英国历史对世界发展的影响。

目前，世界上说英语的人数将近 20 亿，45 个国家的官方语言为英语。在很多国家，学龄儿童从小便开始学习英语，英语成为这些国家孩童学习的第一门外语。也有的国家将英语教育纳入义务教育，成为儿童必须学习的科目，比如中国的英语义务教育。在欧洲的非英语国家和地区，90% 的小学生选择英语作为第一门外语来学习（Hoffmann，1999）。英语的普及教育使它成为一种衡量竞争力的标准。英语不仅代表一门学科，也表明一种未来潜力，被看作通往世界各大学的钥匙，抑或未来工作就业方向的指向针。在这种竞争力之下，英语水平的高低也代表着家庭经济水平和知识背景的不同层次。

由此可以看出，英语不再仅是一种语言工具，它已经和社会经济融为一体。它能体现出一个国家的开放程度和国民的经济文化水平。它也是帮助人们走向世界的钥匙。英语的这种强大优势来自几百年的历史发展，并不可能在短时期内被减弱。因此，充分了解这门语言、掌握这门语言并利用它服务于社会或个人都不失为一种明智的抉择。

第二节　关于英语的一些知识

和一些语言相比，英语是相对较容易学习的语言。法语有名词阴阳性和动词变位，德语有变格和中性词，这些和英语比较相近的印欧语系语言可能难倒了很多语言学习者。相比起来，英语单词虽然包含了大量法语、德语、拉丁语等外来词汇，但英语的语法规则和句式都相对比较容易接受。

英语属于印欧语系日耳曼语族，和法语、德语同属一个语系，与德语属于同一语族。英语有26个字母，经由这26个字母构成成千上万的英语单词。一本牛津高阶词典就包含27万个单词和词组。法语也有26个字母，一本拉鲁斯法语字典仅有10万单词和词组。英语在历史发展过程中，融入了大量的外来词汇才使得它具有这么庞大的身躯，比如1066年的诺曼登陆这一历史事件就为英语带来10 000个法语词。迄今，英语单词中有30%源自法语。

英国的发展历史让英语成为一门非常具有包容性的语言。世界上任何主流语言都能在英语中找到它的影子。以中文为例，英文中就有一些中国文化特有的词汇：bok choy（小白菜），chop suey（大杂烩），kylin（麒麟），mahjong（麻将），wok（炒锅）等。

英语字母属于拉丁字母。其他的字母体系还包括西里尔字母(比如俄语)、希腊字母(比如希腊语)、阿拉伯字母(比如阿拉伯语、波斯语)和希伯来字母(比如希伯来语)。有的研究中提到英文字母属于罗马字母。事实上，罗马字母就是拉丁字母。公元前7世纪，古罗马人从希腊字母中发展出拉丁字母，构成拉丁文。随着罗马人的扩张，拉丁文也被带到被征服的各个领地。因此,拉丁字母也被称为罗马字母。其后,随着罗马天主教的传播以及工业革命的出现,拉丁语也被带到各大洲。在这些国家和地区,没有文字的语言通过拉丁字母的拼写形成文字,已有文字的语言也被改写成拉丁字母文字,从而出现了意大利文字母、法文字母和西班牙字母(周有光,2011)。

在使用拉丁字母之前,也就是最早期的盎格鲁-撒克逊人时期(公元5世纪),当时的盎格鲁-撒克逊人、撒克逊人和朱特人越海来到不列颠群岛时,他们使用的是"鲁纳"(runes)字母。鲁纳字母是一种符文,用于驱除妖魔、保护族人,后逐渐发展成为一种书写文字,被用于古代北欧社会。鲁纳字母共有24个字母。鲁纳字母用于记述了北欧神话和古代日耳曼人的传说。公元43年,罗马皇帝克劳狄斯征服不列颠群岛,拉丁字母随之来到不列颠群岛。但被征服的盎格鲁-撒克逊人一直使用鲁纳字母。直至公元600年,英国才开始采用罗马字母,也就是拉丁字母(周有光,2011)。

最初的英文字母并没有26个。如前所述,英文字母经古罗马人从希腊字母发展而来。罗马人从希腊字母中引入Y和Z,把它们排在字母表的末尾。到了中世纪,字母I中又分化出J,字母V中分化出U和W,最终形成26个英文字母(戴金旺,2006)。这就是罗马字母或拉丁字母。英文字母和英语单词一样经历了历史的洗礼,最终才成为今天的模样。随着不同的不列颠群岛入侵者的入侵,英语单词不断变化。英语单词的拼法直到15世纪后才趋于稳定(周有光,2011)。

另一个经常谈及的英语问题是:英语属印欧语系日耳曼语族,并不属于罗曼语族。这是因为英国最早的居住者盎格鲁-撒克逊人属日耳曼族,他们的语言是日耳曼语。此外,依据美国当代描写语言学派学者Joseph H. Greenberg对人类诸语言6种基本语序类型的分类,英语属于SVO类型,也就是"主谓宾"的语序类型。汉语、法语、俄语以及大部分欧洲语言都属于此类型。其他五种语序类型分别为:SOV(主宾谓)、VSO(谓主宾)、VOS(谓宾主)、OVS(宾谓主)、OSV(宾主谓)(曹聪孙,1996)。这里可以顺便说及的是,英语和德语属于印欧语系日耳曼语族,法语属于罗曼语族。但是在语言学习者看来,总会感觉英语和法语的相似度更高一些。

有一种将英语和其他语言区分开来的方法就是字形区分法。从字形上看,英语是表音文字,仅看单词的拼写便可以读出单词。相比之,汉字是表意文字。汉字由不同部首构成，从汉字可以看出词的意义。

还有一种区分语言的方法就是看语言的层级结构。从句子的层级结构来看，英语是一种组态语言（configuration language），有词汇排序规则，句子有等级结构。相比之下，非组态语言（non-configurational language）的单词可自由排序，词汇链没有太多的等级结构（Fletcher and Garman, 1986）。

关于英语，可以谈论的内容太多。以上仅简要梳理了人们在讨论英语时经常谈及的一些常识性问题，也是英语学习者需要掌握的一些基础知识。对英语还有很多深入的研究，涉及教育学、语言学、心理学、神经科学、社会学等领域。可以说，英语和任何学科的结合都会产出很多有趣的内容。出于笔者的兴趣和研究内容所限，本书仅谈论英语习得方面的一些内容，与有兴趣的读者一起分享。

第二章

英语作为母语习得

第一节　与母语习得相关的理论

说到母语习得,很多人都会觉得这是一个很自然的过程。婴儿似乎是在不知不觉间自己习得了母语,而这个过程一直都很神秘也很神奇。母语习得总是让人惊叹不已。无论任何一门母语,其中都涉及成千上万的词汇以及复杂变化的句式,而婴儿能在短短的两年间仅依靠与父母或保姆的交流便能习得一门语言,并能运用该语言进行有效交流,这不得不让人惊叹。母语习得和外语学习确有不同。

著名语言学家克拉申(Krashen)在20世纪80年代提出了"学习"和"习得"的区别,认为习得是在自然环境中掌握一门语言,而学习是在课堂环境指导下完成。母语习得更多是依靠大脑对语言的自然感知和理解,习得的语言内容很难依据类别划分,也无法区分输入或输出的界限。而学习除了对语言的感知和理解外,更多的是生硬的记忆和重复。在学习中,输入和输出被分解,语言内容也有详细的区分界线。通常,语言学习需要耗费很多年才能够完成。

虽然母语习得的详细过程我们不得而知,但研究已发现,母语习得也需要经过学习的过程。婴儿习得母语是通过观察、学习、模仿、尝试、犯错、再尝试、再犯错直至确认学习正确为止(Fletcher & Garman,1986)。学习的过程和习得过程大致相同,只不过学习者能有意识地感知整个学习过程的发生(即有很强的元意识),而婴儿在整个习得过程中,似乎并不是完全有意识地去学习语言,因而只能称这个过程为习得过程。此外,婴儿的习得环境相对简单。语言输出获得的反馈也比较单一。整个习得过程几乎是一对一地完成,也就是说,主要从父母或保姆的反馈中确认习得的正确性,从而习得语言。

对于母语的快速习得,乔姆斯基(Chomsky)的"天赋说"做出了解释。"天赋说"认为语言习得是人类的本能,婴儿天生就有语言习得机制,即人类语言共有的语言原则和尚未定值的语言参数。人类语言的共有语言原则给予婴儿基本的语言本能,基于这些语言原则,婴儿对实际接触的语言不断进行假设—验证,以此给这种语言赋予参数、定值,从而发现并形成母语规则系统。"天赋说"提到的天生具有的语言习得机制被称作 LAD（Language Acquisition Device）。这个机制既能帮助婴儿习得母语,也有助于后天语言学习。语言习得机制包括语言的普遍特征、假设机制和评价程序（胡壮麟,2020）。语言的普遍特征指人类所有语言具有的相似语法关系和语法范畴知识,这些知识是所有人类语言的普遍特征,适用于所有语言。在婴儿没有确定母语类型之前,婴儿的大脑对所有语言都具有敏感性。假设机制指婴儿在语言环境中寻找规律性,并依此提出假设和猜想,语言习得机制会基于这些假设和猜想概括出一些正确的语言事实,并进行实验实施。婴儿针对从外界获得的语言信息提出母语特征假设,基于假设,婴儿会在实际语言环境中反复验证这些假设的真实性,直到确认假设真实有效为止。而评价体系在此过程中会做出评估和评价。应该注意的是,"天赋说"中的语言习得机制不仅包括天生具有的人类语言共有原则（即普遍特征）,也包括天生提出假设的能力机制和评价监控能力。也就是说,这三种能力都是天生的,而不仅仅只有天生的语言能力。

对一岁以内婴儿的语音研究证实了"天赋说"的语言习得机制假设。婴儿出生后很快就具备语音识别能力,并能对语言进行归类（Clark,2009）。遗传学和生物学的观点也认为语言能力应该是天生的能力。依据遗传学的观点,先天的生理特征（比如听觉器官、大脑的言语中枢或者父母优秀的基因）决定了语言习得的发展,后天环境仅仅是刺激和激发了这些机能而已。由此可以说,每个婴儿的语言习得机制质量可能各有不同。生理器官的发育程度、父母基因的优秀程度都有可能使天生的语言习得机制有质量的差异。20 世纪 60 年代对语言缺陷家族史的被试所做的研究发现语言缺陷有遗传性（桂诗春,2011）。生物学也认为胎儿的先天条件决定了语言能力的发展。这些先天条件就包括母体的健康状况、胎儿在母体中的状态、胎儿吸收营养的程度以及胎儿细胞的成熟度等（Clark,2009）。从胚胎的形成开始,母体内外环境就开始决定性地影响胎儿语言习得机制的发育和成熟。

"天赋说"强调语言习得的天生能力,在某种程度上解释了婴儿在短时间内习得语言的能力。但胎儿出生后,一旦开始接触生存环境就难免会受到周围环境的影响,比如父母的语言刺激、食物的刺激、视觉的刺激等。这些都是"天赋说"不能解释的。当婴儿确定母语特征后，他们便开始观察、学习、模仿、验证母语表达特征。面对比胎盘环境更复杂的生活环境，婴儿如何排除干扰并选择有效语言信息进行学习确实是个神奇的过程。

不可否认的是，婴儿经历了观察和内隐学习模仿的过程，之后，他们就开始与父母或保姆开始语言互动，并开始语言假设的验证过程。母语习得研究发现，婴儿在母语习得时已能运用合作原则，他们甚至能因为交流带来愉悦（Clark，2009）。婴儿在捕捉和感受语言信息时，整个身体的感官都处于兴奋状态。他们会观察到母亲的微笑表示肯定，皱眉表示否定。表情与语言反馈的关联会加快学习的速度。同时，婴儿也会学习这些表情，并用这些表情吸引家人的注意。因此应该说，婴儿的语言习得过程也体现了人类的社会活动特征，这种特征也是天生的。通过互动识别合作的可能性或者无法合作带来的危险，从而确定是继续合作还是逃离。

人们认为，婴儿与环境的互动关系可用行为主义的"刺激—反应"模式以及新行为主义心理学创始人斯金纳的"操作性条件反射"理论进行解释。语言习得中的语言刺激会让婴儿做出反应。当反应获得正向奖励（比如母亲的微笑或夸奖）时，婴儿会再次做出反应，寻求更多的正向刺激。依据行为主义理论，母语习得既是一个"刺激—反应"的过程，也是一个反复寻求刺激和反应的过程。婴儿在刺激—反应—获得评价—寻求刺激—再被评价的重复过程中习得语言。这个过程循环反复。积极正向的评价在此过程中起到推动作用，促使婴儿不断尝试使用语言，期望获得更多的正向评价。当然，激发语言的刺激并不是任何形式都可行。互动语言习得观提出，最适合语言发展的刺激应符合以下条件：语速慢、音调高、语调丰富、句子结构简单、频繁地重复和解释、词汇符合年龄要求、语言与谈话环境相关（胡壮麟，2020）。也就是说，并不是母亲做出的所有反馈都是有效的。母亲对婴儿的语言反应做出反馈时应该使用慢速语调，且音调不能太高，语调也要优美，反馈的语言要简单易懂，重复使用词汇的反馈会让婴儿更容易理解和接受。

值得一提的是，环境的作用不仅是激发"刺激—反应"模式或"操作性条件反射"模式，这个过程也包含了婴儿的情绪培养过程。婴儿也会在此过程中表现得激动、喜悦或者失望、难过。获得母亲的正向评价较多的婴儿很容易培养出积极快乐的情绪，这种情绪对学习自信的培养也至关重要。美国心理学家班杜拉（Bandura）提出的自我效能感在婴儿母语习得时就已经有了萌芽。

婴儿的母语习得不仅是语言的习得，也是婴儿社会化的一个过程。著名的儿童发展心理学家皮亚杰（J. Piaget）从认知的角度提出同化、顺应、平衡的概念。在与周围环境的互动中，儿童接受外部刺激，这些刺激会丰富儿童的原有知识结构，实现知识的"同化"过程。有了外部刺激的加入，认知的内部结构就会发生改变。儿童的认知结构发生变化是为了更好地适应外部环境，这就是顺应。这个同化和顺应的过程就是一个从不平衡到平衡的调整过程。婴儿、幼儿或儿童的语言习得过程就是一个认知调整的过程。"接受语言刺激—调整语言认知—适应环境中的语言—达到语言认知的平衡"帮助儿童不仅习得了母语，认知也获得提升，同时也完成了适应社会的过程。从这里看到，从天赋的语言习得机制到行为主义的"刺激—反应"模式，再到皮亚杰的同化、顺应及平衡理论，婴儿的母语习得过程也是一个适应环境的过程。

依据皮亚杰对青少年时期以前的四阶段认知划分，婴儿最初习得语言的阶段属于四个阶段中的感知运算阶段。也就是说，这个阶段以对世界的感知为主要认知方式。对语言的感知和内化是这个阶段语言习得的主要特点。这个阶段从 0 岁持续到 2 岁。结合行为主义的观点来看，婴儿对知识的同化、顺应也需要通过周围环境的反馈来平衡。如果正向反馈较多，婴儿的同化和顺应过程会更快更积极，语言习得速度也更快。反之亦然。

关于认知的观点，俄国心理学家维果斯基（Lev Vygotsky）与皮亚杰的观点相似，也承认语言和认知密切相关。但皮亚杰认为语言和认知是因果关系，而维果斯基认为语言和认知是互动关系（Fletcher & Garman, 1986）。维果斯基的"符号学解释原则"认为，符号系统的特征及其使用会导致新的组织形式形成和发展，新的组织形式又会以一些基本形式改变其他系统的发展。这个原则表明，语言与周围环境的互动关系，二者相互促进和发展。在母语习得过程中，不仅是婴儿在习得语言和尝试使用语言，父母或保姆也会依据婴儿的学习情况做出调整和适应。因此，婴儿的认知可以决定其语言习得水平，婴儿与周围环境的互动也会促进其认知水平的发展，也就是说，婴儿或儿童的语言发展与认知水平的提升是双向互动的关系。

如上所述，语言习得过程并不是一个孤立的过程，它是一个适应环境、与认知互动的发展过程。这个过程注定是一个动态变化的过程,只有动态变化,语言能力或认知能力才能获得提升。自然科学家对自然界动态复杂非线性系统的研究提出了动态系统理论,也就是"涌现论"(Emergency Theory)(贾光茂,2015)。著名语言学家埃利斯(Ellis)就是涌现论的领军人物,该理论提出语言的动态变化特征。如果语言习得后缺乏保持策略,语言能力会退化或消退。"涌现论"不否认人类具有天赋语言能力,但否认天赋语法规则的说法,并认为儿童的语言习得内容从易到难(Hawkins,2004)。"涌现论"的观点也认为语言习得和其他认知能力的习得没有区别,也是生理、认知、环境互动的结果(O'Grady,2008)。此外,涌现论还有一些其他观点,比如认为语言处理机制遵循效率优先的原则,认为语言处理加工是线性加工方式,或者输入和归纳在语言学习中非常重要等(贾光茂,2015)。"涌现论"的这些观点充分体现了母语习得的特点。如果语言处理机制不能遵循效率优先,幼儿不可能在短短几年快速习得母语。输入和归纳是语言学习必须具备的学习策略,婴儿或幼儿就是通过大量的语言输入从而习得语言,归纳语言特点是快速习得语言的必要手段。"涌现论"论述了语言加工的详细细节和特点,但没有谈及习得后的语言是如何保持的。

　　基于上述内容可以看出,母语的成功习得既需要依靠先天的语言机制,也需要通过与环境的互动,培养更多的学习能力和认知能力才能完成。母语习得是一个复杂的过程,这个过程不是单一的线性的发展过程,而是多个认知路径同时发生,且不断起伏变动的过程。语言习得是一种认知的发展,因此也会包括情绪、生理等方面的协调发展。这是一个个体适应世界的过程,因此不能将这个过程孤立来看。

第二节　母语的各年龄段习得

　　母语习得伴随着其他生理机能的发育同时发生,不是单一的线性发展。尽管如此,母语习得在各个年龄段还是体现出它的习得特点。当然,有些语言内容的习得会跨越几个年龄段,需要几年的时间才能完成。

但依照年龄段来看待母语习得会让我们更加清晰地了解母语习得的过程。

本书仅涉及英语作为母语的习得过程,但讲到语言习得,我们不由得会想到是否其他语言也和英语一样,会遵循某些发展规律对某些语言内容的习得有先后顺序。依据"天赋论"的观点,所有婴儿天生就有一套适用于所有语言的语言机制,出生后,婴儿基于这个语言机制确定母语的特点,从而习得母语。既然所有婴儿都有这个天生存在的语言机制,那么,他们的母语习得有共性可言吗?20世纪70年代,丹·斯洛宾和罗杰·布朗(Daniel Slobin & Roger Brown)发现,即便世界上有几千种语言,全世界幼儿的语言习得阶段有其惊人的相似之处(表2-1),表达意义的结构也非常相似,甚至语言错误都很相似(Mitchell et al., 2019)。

表 2-1 世界儿童的语言习得阶段共同点

语言阶段	起始的大约年龄
哭喊	出生
轻哼声	6 周
咿呀学语	6 个月
语调	8 个月
一词言语	1 岁
两词言语	18 个月
词汇的曲折变化	2 岁
问句和否定句	2 岁零 3 个月
罕用或复杂的结构	5 岁
言语发育成熟	10 岁

(摘自 Mitchell et al., 2019)

语言的发展离不开思维的发展。儿童不仅在语言习得方面表现出共同点,在思维、认知方面也有共同点。皮亚杰对儿童思维发展划分的五个阶段:感觉肌动阶段(1.5～2岁)、象征思维阶段(2～4岁)、直觉思维阶段(4～7岁)、具体运算阶段(7～10岁)和形式运算阶段(11～12岁)。母语习得和思维发展一样,不同年龄段有不同的习得特点。感觉肌动阶段也是感知运动阶段,儿童通过同化和适应把感觉和肌动协调起来。在这个阶段,幼儿与环境建立"刺激—反应"的习惯性模式,协调机体运动,培养习惯性动作。这在语言发展中,是语音习得阶段。幼儿开始协调发音器官,培养习惯性发音动作。象征思维阶段时,儿童开始运用象征性符号进行思维。这个阶段也被称为前概念阶段。因为儿童运用的概念与成人的概念不同,因此被称为"前"概念阶段。儿童的概念是将语言符号加到事物上形成的,是具体的、动作的概念,不是抽象的、图式的概念。在语言发展上,这个年龄段也是幼儿使用简单的两三个词语表达想法,幼儿使用的词汇多为名词,用于指称实物,但对于实物的指称又容易泛化,他们无法分辨个别和一般的概念。比如,幼儿会将所有男人叫作"爸爸",他们并不知道"爸爸"不是一个泛指的概念。直觉思维阶段中,儿童的心理表象与直接知觉的事物形象直接产生联系。儿童根据观察做出直觉判断。语言方面,儿童开始使用"我"来表述想法,这被称为"自我中心语言",听起来好像在用有声语言来思维。在具体运算阶段,儿童有了逻辑思维能力,语言能力也发展成熟。形式运算阶段中,儿童可以对问题提出假设,不需要经验即可做出判断。语言发展离不开思维的发展,思维发展是语言发展的基础,在此基础上,语言发展也展现出规律性。

一、一岁以前

一岁以前,婴儿还不会表达自己。偶尔,婴儿会尝试发出一些声音,在成年人看来,这些声音是没有意义的。一岁以前的时间里,只能通过婴儿的眼睛看出他们在观察着世界。母语的习得速度表明他们的大脑在飞速运转,快速地与世界互动、适应和学习。

和学习任何一门语言一样,婴儿最先习得的也是语音。婴幼儿在六七个月的时候会发出"papa""mama"的语音,但他们并不了解这些语音的含义。当父母听到这些声音时会惊异不已,认为婴幼儿已学会称呼"爸爸""妈妈",但婴儿其实并不懂得这些语音的含义。婴幼儿发出这两个语音的主要原因是父母之前反复重复过这两个发音。

成年人的语音习得包括语音音素习得、语音切分、音位结构、语音特征的归纳等内容,而婴儿却可以在一年或一年半的时间里全部习得这些内容。婴儿对于语音特征的感知始于在母亲子宫中被孕育的时候,胎儿最先熟悉的是母亲的声音,然后是其他人的声音。可以说,胎儿的语音辨别能力在母亲子宫中便已得到发展。研究发现,新生儿可以对两个词之间的元音差异做出神经、生理和行为的反应(程冰、张旸,2009)。此外,婴儿对语言韵律也很敏感。行为研究发现,婴儿在刚出生时对所有语言的语音差异具有普遍的识别能力,之后,随着与母亲的接触增加,对母语语音的识别能力替代了这种普遍识别能力,母语语音识别能力增强(Kuhl & Rivera-Gaxiola,2008)。这种母语语音识别能力增强的能力被称为母语磁吸效应(程冰、张旸,2009)。婴儿的大脑中似乎有一个过滤器,能非常有效地识别母语的语音,并将非母语的声音或认为不熟悉的声音过滤掉,从而完成母语语音习得。很难想象,婴儿是如何识别母语的,也许只有天赋能解释这一点。世界上的语言包含 600 多个辅音,200 多个元音。英语中有 48 个音素,元音音素 20 个,辅音音素 28 个。英语字母有 26 个,元音字母 5 个,辅音字母 19 个,半元音字母 2 个。这些语音内容对于婴幼儿来说似乎都不是大问题。

婴儿一岁之前的语言学习主要靠听觉完成,学习方式为内隐的、非正式的学习(Newport & Aslin,2004a)。毫无疑问,学习过程中,婴儿的大脑自动完成了语音模仿及发音练习。这个心理过程仿似一个高度自动化的工厂,希望在最短的时间里生产出高质量又受欢迎的产品。对英语为母语的幼儿研究发现,幼儿在 6 月大时开始习得元音,10 月大时习得辅音(Kuhl & Rivera-Gaxiola,2008)。在辅音习得中,幼儿最先习得腭音(palatal)和软腭音(velar)(戴炜栋,2018)。/j/ 属于腭音,/k/ 和 /g/ 属于软腭音。最先习得的音素与最先发音的单词有关。[j] 腭音的习得有利于发出 yes 这个单词,而 /k/ 和 /g/ 软腭音的习得有利于发出 close、come 和 go 这样单词的语音。这些音素的优先习得有利于幼儿开始表达"电报语言",也就是仅有二三个单词的简短语言表达。优先习得这几个音素的另一个原因可能是父母在生活中也经常使用 go,come,close 这些词汇。这几个音素的使用频率强化了学习效果。之后,幼儿会习得唇音(labial)和齿音(dental)(戴炜栋,2018)。唇音包括 /m//p/ 和 /v/,这几个音素有助于表达 mama,papa 和 very。/θ/ 和 /ð/ 齿音也随后习得,这两个音素有利于说出 this,that 或者 thank you。最先习得的元音音素主要有 /i: //u: //a/。英语单词 eat, food, mama, papa 都包含这几个元音音素。由此可以看出,婴幼儿的语音习得与父母使用的词汇密切相关,这些词汇发音对大脑的频繁刺激让婴幼儿短时间内掌握了基本言语表达所需的语音音素特征。

婴幼儿除能习得语音,也能识别语音差异。环境中的语言刺激或者说是词汇的发生频率让婴幼儿分辨出了语音间的差别。视觉目标锁定实验中,一岁的幼儿已能识别常见词汇的错误发音。这表明幼儿在一岁时已对词汇表征有了明显的识别能力(Kuhl & Rivera-Gaxiola, 2008)。

一岁以前,幼儿不仅能识别音素,还能识别韵律、重音、音位结构,并依此切分语流。有研究认为是母亲或周围人群的儿童导向语言帮助婴儿习得了这些超音段特征。儿童导向语言包含有许多停顿、内容重复和简要补充(Jusczyk, 1997)。儿童导向语言的这些特点也帮助幼儿识别词块并构建词汇意义(Clark, 2009)。儿童导向语言的使用对婴幼儿的语言感知起到了非常重要的作用。如果父母对幼儿忽略太多,没有让幼儿有感知语言的机会,上述语音能力的培养必然会缺失。后面谈到被父亲关闭屋内近十二年的Genie就是最好的例子。

一岁以前的幼儿习得的语音内容并不是零碎的,而是有体系的。幼儿在短短一年内已建立自己的语音和音位体系,包括音系对比、音位结构和韵律变化(Slabakova, 2016)。在建立自己的音位或语音体系时,幼儿表现出个人偏好。Ferguson和Farwell(1975)对三个一岁左右的幼儿的声音和词汇选择进行了研究发现,幼儿表现出各自的偏好,并不断运用自己喜欢的语音尝试发音。这种语言偏好体现了幼儿语言学习情绪的形成。尽管这可能和个人的发音器官、父母的发音习惯相关,比如父母在夸赞幼儿时采用的某种声调语气等。但这种偏好会激发出幼儿的语言学习情绪,让他们积极练习发音,变得喜欢语言表达。如果是父母夸赞时使用的语气语调产生的这种语言偏好,幼儿在发音时会感到快乐和兴奋。这种正向强化会让幼儿的学习进入良性循环,会增加婴儿的语言输出数量(Kuhl, 2007)。

尽管婴儿在约六七个月时会发出一些听起来似乎有意义的声音,但婴儿的这些发音没有明显的参照物,比如婴儿会发出papa, mama的语音。父母可能会认为婴儿在学会叫爸爸妈妈,但事实上,这只是婴儿在尝试发音而已,他们并不知道这些发音对照的参照物是父母(戴炜栋,2018)。父母就是婴幼儿语言习得的启蒙老师。父母的语言、说话时的表情特征、情绪都会对婴幼儿的语言习得产生正性或负性的影响,有可能对语言表达有促进作用,但也可能有阻碍作用。对于语言与参照物的感知发生在婴儿十个月大时,婴儿会关注他人的注意力关注点,会跟随人们的手势和目光找到关注点(Clark, 2009)。

婴儿在一岁之前的语言学习主要以观察、感知和模仿为主,学习方式主要为内隐学习。因此,对于一岁以前婴儿的研究主要以以下方式为主:让婴儿吮吸奶嘴、婴儿转头以及脑电波事件相关电位测量。婴儿在听到自己感兴趣的语音时会大口喘息,吮吸奶嘴。喘息频率可以观察到婴儿对语言的敏感度。同理,婴儿发现测试音有改变时也会做出转头动作。这些研究方法都可以得到婴儿的语音识别能力数据。在脑电波事件相关电位实验中,当持续呈现的一个音突然变为另一个音时,会诱发大脑产生一种负波。通过测量这种负波波峰的强度和发生的时间,可以发现婴儿的语言神经系统对不同语音的敏感度和分辨能力(程冰、张旸,2009)。听觉是这个阶段的主要学习手段。

如果没有天生的语言习得机制,婴幼儿无法在短短一年内习得母语。但天生的能力也不仅有语言能力。婴幼儿对周围事物的观察和模仿的能力也是天生具备的。在母语习得时,父母并没有专门培养婴幼儿的观察和模仿能力,但在母语习得时,婴幼儿都充分表现了这方面的能力。因此可以说,还有很多与语言相关的能力都有可能是天生具备的,也许从胎儿时期就已开始了这些能力的习得。

二、一岁到两岁

一岁之前,婴儿主要习得的是语音。一岁到两岁时,主要习得的是词汇。如果说第一年的习得让人们觉得不可思议的话,幼儿在第二年的词汇习得速度让人更加吃惊。婴儿在18个月到24个月时词汇量大幅增加,这段时期被称为"词汇爆发期"(the great vocabulary spurt)(Ganger & Brent,2004)。事实上,研究发现婴儿的词汇习得从四个半月时已经开始,比如婴儿能听音识别自己的名字。七个月大时,婴儿的注意力能保持更长时间,倾听熟悉词汇构成的语言内容。十一个月大时,他们开始喜欢倾听高频词表达的言语(Kuhl & Rivera-Gaxiola,2008)。这些倾听为两岁时的词汇爆发期奠定了基础。因此可以说,在两岁前,婴儿已经开始熟悉词汇的发音、词组的组合、句子的停顿等词汇表达内容。

婴儿习得词汇是一个渐进的过程,初期缓慢,后期加速,直至出现"词汇爆发"。在"词汇爆发期",幼儿最初一天学会一两个新单词,之后发展到一天10个新单词。最快时,幼儿可以每两小时习得一个单词。到6岁时,幼儿习得的词汇量可以达到14 000个单词(Bloom,2000)。

通常来说,普通高中毕业生的单词量为60 000个单词。

词汇习得与词汇运用同时进行。在两岁时,刚习得些许单词的幼儿仿佛就已迫不及待地想使用词汇与父母交流。有研究认为,婴幼儿时期从父母那里获得更多表扬反馈的孩子更有表达欲望,语言的习得也较好。幼儿童年时的语言习得主要目的是讨好父母(Clark,2009),父母的正性反馈强化了这一学习目的。

简单常见的高频词最先被习得,比如look,go,come等。这些词的习得之后不久,幼儿便开始使用这些词汇与父母进行语言互动,从中体验交流的感受,比如愉悦或不太积极的反馈。如果父母因工作或其他原因不能与幼儿交流互动或做得较少,幼儿的语言习得技能发展会受到一些影响。有意思的是,14个月大的幼儿虽不能识别音位最小对立体(比如pen和ben),但已能识别音位上截然不同的单词,比如leek和need(Kuhl & Rivera-Gaxiola,2008)。婴幼儿时期一年的时间掌握语音特征的速度远远超过了后期任何外语语音习得的速度。在二语或外语习得中,只有流利水平较高的学习者可以在语音上达到目的语的语音水平,而要达到较高的二语流利水平需要花费很多年的时间。

英语中的各种词类中,幼儿最先习得名词,然后是动词。这可能是因为幼儿比较容易找到名词参照物的缘故。动词的使用频率仅次于名词,并且是句子构成的主要部分。在母语习得中,无主语句子也是儿童导向语言中的主要表达形式,比如父母会说Look! Eat! 这些表达非常有利于动词的习得。动词的含义包括活动和活动的参与者,动词与动作的关联性也没有名词与参照物的关联性强,但幼儿也能很容易地将动词与行为关联起来。这与父母交流时使用的手势和动作有关。父母重复的动作示意会让幼儿将词汇语音与动作关联,并意识到这种关联的意义。此外,名词和动词表达的及时性也是幼儿最先习得这两种词汇的另一方面原因,它们能让幼儿尽可能快地验证自己的表达是否正确有效。

词汇组合的表达发生在一岁零三个月到一岁半时。但无论是使用单个单词还是词汇组合表达,幼儿都需要手势辅助表达含义。手势的使用会随着语言交流的增多而增多,在一岁零四个月到一岁零八个月时,手势的使用数量比前期翻倍增加(Clark,2009)。在母语习得中,手势的习得也伴随母语习得发生。

词汇组合的出现意味着幼儿的言语表达进入双词句阶段(two-word stage),即一岁半左右。幼儿开始使用简单的双词表达意图,比如

see baby（胡壮麟，2020）。双词句通常是一个动词和一个受词（argument）。受词有不同的提元角色（thematic roles），比如 give duckling（动词—接受者），put right（动词—位置）（Slabakova，2016）。

　　如前所述，天赋论提出的语言习得机制包括语言普遍性、假设机制和评价程序。幼儿习得母语的过程是一个不断验证假设的过程。在一岁到两岁的阶段，幼儿会对物体的名称进行"整个物体假设"（whole object assumption）。幼儿会认为某个词汇指代的是整个物体而不是物体的局部。如果幼儿看到成年人谈及狗的时候用了单词 ear，幼儿会认为 ear 就是"狗"的含义，而不仅仅是耳朵（Markman & Hutchison，1984）。幼儿也会使用"类型假设"（the type assumption）。如果幼儿听到人们把狗叫作 dog，他们会认为所有的小狗、小鸡、小猫都叫作 dog，直至被纠正为止（Clark，1993）。过度概括在语言习得中较为常见，学习者总是希望将习得过程简单化，但语言学习是一个时间的积累过程，"假设—验证—纠错"是这个过程的常态化步骤。

　　词汇量在增加，幼儿的语言输出频次也在增加。语言产出是一个复杂的过程，除了发音器官的肌肉需要控制，神经系统需要对复杂的运动指令进行计算，最重要的是，还需要概念准备、词汇选择、音韵编码、语音编码和发音这五个阶段的快速准确完成（张清芳，2019）。幼儿掌握的词汇相对简单，但这几个步骤的自动化完成也需要千万次的演练。在语言习得初期，概念准备过程是对单词的理解。单词的理解就包括词汇成分分解，比如 women 的成分分解模式为 HUMAN, ADULT, FEMALE。我们看到幼儿能正确表达一个词语时，词汇成分的分解已能自动化完成。词汇成分的正确分解使词汇选择快速完成。下一步就是音韵编码。音韵编码包括单词的形态学信息、单词的节律信息以及单词的音段信息内容（张清芳，2019）。比如，单词 doing 的音韵编码需要知道 do 和 -ing 两个构成成分，词汇的节律是扬抑格，重音在第一个音节，音素包括 /d//uː/ /i/ /ŋ/。音韵编码对于幼儿来说是一个自上而下的习得过程。幼儿的母语习得先从模仿开始。最先模仿的是 doing 的整体发音模式，其次才是 do 与 -ing 的分解、重音位置、音素构成。无论采用的是哪种加工模式，都要符合大脑思维的经济原则。幼儿的母语习得不可能对词汇一一习得。幼儿每天习得 10 个单词或者每两小时习得一个单词需要有高效的记忆系统和信息处理系统才能完成。并且，词汇的习得包括的内容并不仅仅是单个单词，还有词汇发音、构词的形态学信息等。词汇习得是一个网络系统的构建。幼儿习得母语词汇时就像蜘蛛在织一个庞大的蛛网。

三、两岁到三岁

一岁之前语音习得,一岁到两岁词汇习得并能输出简单词汇,两岁到三岁的时候,幼儿开始输出三词句,也称为电报语言(telegraphic speech)。幼儿之所以能在此时说出三词句,这是因为幼儿在两岁时已习得 100 到 600 不等的单词,这些单词是三词句表达的基础。幼儿产出三词句的时候依旧用词简略,表达断断续续,句子结构也不够完整,没有修饰语,语言类似电报文本,因此被称为电报句(戴炜栋,2018)。电报句虽然简单,但开始包含语法内容,表达的句子表现出了主谓结构。幼儿在两岁前输出双词句时,两个单词并不能构成标准句式,只是类似"关键词表达"的模式。在两岁到三岁这一阶段,主谓结构的句子已包括"名词 + 不及物动词"的句子(Slabakova,2016)。事实上,在两岁之前,幼儿已能理解"名 + 动 + 名"的句子结构。一项对两岁儿童的研究发现,成人使用的 80 个名词和 30 个动词中,幼儿能理解 61%,能说出其中 37% 的词汇(Clark,2009)。可以看出,幼儿的理解能力发展先于表达能力。从这一点也可以看出,"听"的能力在极大程度上帮助幼儿发展了语言能力。"听"的能力让幼儿能够分析和归纳语言特点,为后续母语学习奠定基础。"听"的能力和理解能力是人类进化过程中习得的生存能力。只有学会"听"且理解,才能在危险来临时及时躲避。

"听"的能力帮助幼儿理解了母语语言的特点和规律。因而有时候,幼儿会开始修正言语表达上的错误,比如他们会说"Oh, it's not an A, it's a B."。能够修正错误,说明幼儿理解了言语的某些特征,也说明母语语言体系开始建立。依据这个体系,幼儿开始修正错误、练习语言掌握能力(Clark,2009)。

幼儿修正的错误也包括之前的过度概括错误。此时,幼儿开始细分事物的类别,不再认为 dog 可能指所有小动物,或者 dog 就是各种类别的狗狗。幼儿会对 dog 的功能进行划分,比如将 dog 描绘为 a dog, an animal, a guard, a pet。语义网络的构建在此阶段变得更精确,也让幼儿意识到每一件事物的类别和功能差异。伴随完成的是认知能力的提升,幼儿对世界的认识精细化,也开始对周围世界产生浓厚的兴趣。

四、四岁阶段

经历了单词习得、双词句表达、电报语言交流后,四岁时,儿童开始进入会话阶段。原先的主谓结构句式开始嵌入其他成分,句子中不仅有名词、动词这样的实词,功能词或虚词也开始出现在会话中。可以说,到了四岁,儿童几乎完全习得了所有语言结构(胡壮麟,2020)。这一发展要归功于词汇量的大幅增加。从两岁起,幼儿就大约一天习得10个词,到六岁时,幼儿可以总共习得大约14 000词。儿童心理词典一直都有量和质的升级,各种词汇类别的上下义词有了扩展,词汇的形态学成分更加丰富。心理词典的升级变化和句法内容一样,一直延续到七岁或八岁(Slabakova,2016)。句法内容的习得相对较难一些,习得时间也相对更长。

五、小结

以上谈及的阶段性划分是为了充分理解婴幼儿的母语习得。在实际的母语习得中,以上谈及的各阶段习得内容也会交错完成,而不是按上述阶段划分逐一进行。个体差异也使母语习得和言语输出阶段出现差别,比如有的幼儿在二三岁才开始言语表达。

此外,本章谈及的母语习得仅为单语语言发展的母语习得。目前,由于全球化的发展加速,区域融合增多,国际家庭数量也在增多,儿童同时习得两种母语的情况也有发生。但对于大部分家庭来说,语言依次习得最为常见。因而,本书仅对普遍存在的英语母语习得进行讨论,对其他特殊的语言习得情况暂不做讨论。

第三节　英语作为母语习得的特点

儿童在不同年龄段有不同的习得内容。这个过程看似毫不费力,但无论习得什么内容,个体都需要专注力、理解力以及对知识的吸收能力。每一种能力都需要消耗许多生理和心理资源。语言的习得包括学习、掌握和输出。看似简单的过程却需要大脑进行非常复杂的计算。保持习得内容又需要重复、运用和记忆的能力。从学习到保持,学习个体还需要一直保持注意力完成自我监控。因此,从一开始,学习个体就需要调动心理和生理的机能。即便我们无从得知婴幼儿详细的语言习得和保持机制,但对每个婴幼儿都需要在生理和心理上的投入才能完成语言习得过程。而且,令人惊异的是,他们都表现出了一些共同的语言习得特点,这些特点的共通性让我们看到人类认知的一些共同特征。

一、范畴归类

前面说到,婴幼儿在习得词汇时不可能逐词逐句一一习得。这样既不符合大脑运作的经济原则,学习速度和效率也难以提高。范畴归类显然是一个非常快速便捷的学习方法。归类既有利于知识的快速吸收,也有利于语言输出时对信息的快速提取。

Alitchison 认为儿童在词汇习得时必须完成三大任务:标记任务、归类任务和网络构建任务。标记任务指建立词汇的所指关系。前面我们提到,婴儿通过观察成年人的眼神注意到词汇与物体或动作的关联,通过这样的方式可以标记动词和名词。归类任务指将所指对象相似的词汇归为一组。通过归类,婴幼儿可以识别词汇的成分特征,并且节约大脑资源。网络构建任务指将词与词、词与同类、词与功能等关联起来(戴曼纯,2000)。这里需要补充的是,标记任务应该也包括对语言特征或语言难点的标记。标记任务可以让幼儿发现自己无法掌握的语言难点,会在这上面投入很多的专注力去掌握。网络构建相当于是心理词库的构建,不仅包括词类信息,还包括语音信息和句子信息。网络构建是为了更好地存储语言信息以及便于语言输出时提取信息。

范畴归类是人类认知的基本能力,不仅语言习得需要范畴归类能力,其他知识的习得也需要这种能力。范畴归类是人类进化过程中习得的一种生存技能。也许和其他的生存技能一样,是为了逃避危险而习得的能力。

二、过度扩展

过度扩展发生在大约一岁半到两岁半这个时期。幼儿会使用一个名词代替所有与该名词所指物体相似的东西。比如,幼儿如果最先习得 cat,他们就会用 cat 指称所有的会走路的动物,无论是 cats、dogs 还是 ducks(Clark,2009),或者会用先习得的 apple 指代所有水果。最常见的是用 papa 指称所有男性。

过度扩展现象只在母语习得中才会出现,在二语或外语习得中,有一定认知能力的学习个体已经知晓单词与事物之间存在的一对一关系。或者说,是母语习得让二语或外语习得者知道了语言指称的特点,因而不会出现母语习得中的过度扩展现象。过度扩展符合大脑思维的经济原则,但语言的世界没有想象得经济简约。

三、扩展不足

扩展不足发生在婴幼儿词汇习得初期。婴儿认为词汇与事物之间的指称关系是一对一的关系,单个单词仅有一种含义,这就是扩展不足。但随着语言习得的加深,婴幼儿才发现,一个词有多个含义、多种词性,而且可以适用于多个语境,或者指称多个事物。比如,white 可以用来指白色,但婴儿后期会发现 white 不仅指颜色,也可以用来指人(Mr. White),或者 white 也可以用作形容词,用于形容白色的衣服、裤子、背包等。扩展不足是认知发展的一个过程,对世界认知如此,对语言的认知也是如此。

四、过度概括

过度概括是母语习得中最为突出的特点。过度概括主要体现在幼儿依照动词的有规律变化对不规则动词的过去式和过去分词进行变形。比如，很多动词的过去式和过去分词是在词尾加 -ed，幼儿会因此对 go，run，sit 这样的动词依据规则动词的变化进行变形，go 会变为 goed，run 会被变为 runned，而 sit 变为 sitted。名词也会有过度概括的情况，比如单复数同形的 deer，sheep 会被变为 deers，sheeps，或者将 foot 的复数形式理解为 foots。这种现象在二语习得中也常出现，是语言习得中经常出现的现象。之所以过度归纳，是因为学习者从心理上希望语言学习可以易化。但每种语言在历史发展中都形成了一些特有的形式，并被沿用了很多世纪。过度概括很容易克服。随着语言流利程度的提高，过度概括就会消失。这仅是语言习得初期出现的习得特征。

五、语言分段

前面提到，婴儿会对语流分段，从而识别音调、词汇和句法结构。语流分段的能力让幼儿能够分离出单个词汇，是后期词汇记忆的必经阶段。婴幼儿主要通过语言的韵律特征来切分语流。重音就是一种韵律特征。父母的强调性纠错也有助于婴幼儿发现韵律特征。为了切分语流，婴幼儿也需要识别一些音位结构特征，比如音节首（onset）、音节核（nucleus）和音节尾（coda）。这些特征可以帮助婴幼儿识别词汇构成特征，从而切分语流。语流分段是任何语言习得都不得不经历的过程。只有进行语流分段才有可能分离出词汇或短语，从而识别言语含义。二语习得中，通常依据重音、音节对语流进行分段。

以上特征是母语习得中较为常见的习得特征。这些特征不仅出现在英语作为母语习得的情景中，在其他语言习得中也很常见。这些特征体现了人类语言习得的基本模式或特征，也是人类思维特点的展现。

第四节　影响母语习得的因素

语言习得并非发生在真空环境中。就像一株植物,它的成长受到土壤、气候、肥料等因素的影响。婴幼儿习得母语时,不断与周围环境互动,观察学习母语,并接受来自周围人群的信息反馈。这些都会对母语习得产生影响。即便母语习得环境相对简单,也能在很大程度上对学习个体的学习心理产生影响,从而影响母语习得的效果。微环境中语言刺激频率及模式、人与人之间的亲近程度等都有可能对婴幼儿的母语习得产生影响,甚至婴幼儿食用的食物都有可能对婴幼儿的生理水平和心理水平产生影响。当然,这些后天条件与先天条件的结合才能决定母语习得的质量。

一、家庭环境

家庭环境是母语习得的"土壤",是影响后天母语习得的主要因素。虽不及先天大脑发育因素那样起着决定性作用,但家庭环境对先天因素的调节作用不可忽视。被收养的孤儿在有爱的家庭环境中改变认知水平就是很好的例子。后天家庭因素可以弥补某些先天条件的不足。此外,家庭环境中语言刺激的质量也会影响母语习得的质量。

在一岁以前,婴儿接受的语言输入主要来自父母或保姆。这些人群的语言数量、质量、对语言的态度、对婴儿的态度都决定了婴儿的语言习得质量。语言输入越多,习得速度就越快。用词越丰富,语言输入质量越高,婴儿的语言能力就越强。反之亦然,语言输入较少或基本没有语言输入的接触,孩童的语言习得能力就得不到发展。最著名的例子是美国女孩 Genie。人们在 20 世纪 70 年代发现了这个自襁褓以来就被关在小屋子的女孩。由于一直没有语言刺激和交流,Genie 在被发现时几乎没有任何语言能力。无论后期工作人员如何教授 Genie,她的语言习得能力依旧没有太大提升。

周围环境的语言刺激能够激发语言习得能力,也能激发语用技能。在与环境或人互动中,语用能力会获得发展和提升。有相关研究表明,语言教师指导婴儿学习语音的效果比仅接触电视或音频语言输入的婴儿学习效果好(Kuhl & Rivera-Gaxiola,2008)。周围人群的作用不仅是为婴幼儿提供语言刺激,在表扬鼓励中,婴幼儿会接受正向强化,语言学习动机获得激发。这一点对于语言初学者至关重要。在错误纠正中如何做到既纠正错误又获得激励也非常重要。父母或保姆的言语及表情都会对婴幼儿产生影响。婴幼儿会对以上刺激做出反应,形成语用策略。和周围环境的语言互动是机器学习无法替代的。温暖的话语或微笑会进一步激励幼儿做出回应,并持续输出言语。

语言刺激很重要,语言刺激的质量也很重要。家庭成员的用词方式会对婴幼儿的语言习得产生影响。Newport 和 Gleitman(1977)的研究发现,父母言语中祈使句的使用数量和幼儿后期动词短语、名词短语的习得呈负相关。祈使句传达的是命令的口吻,语气强硬,带有威慑力。祈使句的语气和语调会诱发幼儿的负性情绪,影响其语言学习动机和学习效果。与祈使句不同的是,父母语言中指示语的使用可以促进幼儿名词词组的习得。这可能是因为指示语可以明确指称物体,让幼儿容易建立语言和物体的关联,可以易化习得过程。父母发音的清晰度也对婴幼儿的语音分辨有影响。对婴儿的跟踪调查发现,婴儿半岁时的语音分辨能力和三岁时的词汇使用量、词汇长度、语法结构的复杂性呈正相关(程冰、张旸,2009)。如果父母或保姆的言语表述速度适中、简单清晰,婴幼儿能更加容易分割语流,有效快速地习得语音特征。同时,这也激发婴幼儿的学习动力。

父母的用词量、语式也会对婴幼儿的母语习得产生影响。对中产阶级和低收入家庭的语言研究发现,中产阶级家庭的父母比较注重延续幼儿的话题,与幼儿对话很少用祈使句。中产家庭父母交流时使用的词汇量可达每小时 2 100 词,而低收入家庭的词汇量为每小时 1 200 词,享受政府福利的家庭只有 600 词(Clark,2009)。

家庭成员的数量也会影响婴幼儿的语言习得能力。在成员较多的家庭中,成年人不可能对孩子的问题一一回复或及时回复,语言表达也多为简单的语言结构(Evans,Maxwell & Hart,1999)。幼儿的语言表达处于一种竞争语言资源的环境中,获得的语言资源必然有限,有效性也较低。在成员较少的家庭中,幼儿获得的语言资源更加丰富,受到的关注也更多,这些都对母语习得非常有利。家庭成员多的家庭中,出生顺序也可能影响儿童的母语习得。在这样的家庭中,较大的孩子出生时接受的语言刺激要比后续出生的孩子要多。随着父母关注度的分散,言语交流的频率也随之降低。因而,有研究认为,家庭中第一个孩子在词汇和语法发展上比其他孩子更具优势,而后出生的孩子在语言交流上优势会更多一些(Hoff-Ginsberg,1998)。当然,随着孩子年龄的增加,与外界交流的增多,家庭外的言语交流频率可以对此做出弥补。性格外向的孩子在这方面就更具优势。

家庭中使用的语种数量也会影响母语习得效果。通常认为,一个家庭中使用多种语言会对孩子产生有利影响。但事实上,一个家庭中如果使用多种语言,非母语语言的语音习得会妨碍母语语音习得。这可能是语言资源竞争的结果。母语神经投入假设(the native language neural commitment,NLNC)提出,如果婴幼儿在母语语音习得上表现优异,他们后续的母语习得能力水平也会很高。但如果这种优异的能力水平体现在非母语的语音识别上,他们后续的母语习得能力则会受到削弱。研究结果的分析认为,这也许是因为婴儿的注意力和能力分散,不可能将所有资源投入母语学习中的缘故(Kuhl & Rivera-Gaxiola,2008)。七岁半大幼儿的英语(母语)和普通话(非母语)习得研究中的事件相关电位证明了这一点。十一个月大婴儿的芬兰语和俄语语音的事件相关电位研究也验证了NLNC的成立(Silven et al.,2006)。但无论如何,多语家庭对语言习得是有利的。事件相关电位研究中,如果双语儿童在5岁前接触第一语言和第二语言,这两种语言激活的大脑左脑区域基本相同。和单语儿童相比,左脑激活区域也一致。而较晚习得二语的学习者左右脑都有激活区域(Laura-Ann et al.,2004)。这表明,越早习得第二语言或其他语言,这些语言的习得效果和母语习得相比没有太大差异。也就是说,习得更容易,效果更好。

家庭是婴幼儿不可能选择或改变的语言习得环境,至少在学龄前,儿童都主要依靠家庭环境塑造语言。在学龄后,家庭也是语言的一部分输入来源。这不是一个能够随意更改的影响因素。一个安全舒适、有包容性的家庭环境无疑是语言发展的"富饶土壤"。

二、生理因素

说到生理因素的影响,我们首先想到的是身体。在语言的领域,生理因素主要指大脑。母语习得的快速发展离不开大脑的发育变化。大脑容量在 12 岁以前(尤其是 7 岁以前)的每一年都有着显著的变化。婴儿出生时脑重量为成人的 25%,约为 350g。一岁时,婴儿的脑重量为成人的 1/2,在 2～3 岁时脑重量达到成人的 75%,6～7 岁达到 90%,12 岁时接近成人的 1 400g。大脑发育到 20 岁以后停止增长,29 岁时发育成熟。

决定大脑发育程度的标志不仅有大脑重量,还有脑细胞的发育变化。神经元是大脑的基本信息单位。神经元就是我们常说的"脑细胞"。神经元由胞体、树突、轴突、突触构成。胞体负责神经元的代谢和营养。树突外形像树的分支,负责接收刺激,将神经冲动传到胞体。轴突负责传递信号,将神经冲动从细胞体传出,传到与其连接的各种细胞。轴突的外层有髓鞘包裹,就像电线的外皮,髓鞘的"跳跃式"传导功能可以加快神经元的信号传导速度。突触是脑细胞之间的连接部位。

神经元,也就是大脑细胞,如果出现病变,有可能引起一些言语方面的障碍,比如构音困难症、失读症、失语症等疾病。这些疾病会导致个体不能应用或理解语言。因此,婴儿习得语言的前提就是有良好的生理条件。

突触的连接对大脑发育至关重要。婴儿出生时已有一定的神经元数量;到两岁时,突触会发生很多连接,大脑每秒就产生 700 个突触连接;到六岁时,突触连接数量达到高峰。但突触的发育有一个"修剪"的过程。大脑会将它认为不必要的突触"修剪"掉,只保留它认为有用的部分。这个"修剪"的过程发生在六岁时。因此,六岁以前大量的语言刺激有利于保留更多的突触连接,对后续的语言学习能产生有利影响。来自多语言家庭的婴幼儿在六岁前的多种语言接触,即便经历了突触的"修剪"过程,其语言能力也比其他单语家庭的孩子更强。对小鼠的研究证明了这一点。听过所有频率声音的小鼠被"修剪"突触后,听力皮层产生了清晰的频率图谱,而只听过一种频率声音的小鼠只对一种频率的声音敏感(Pollok & Kistler,2002)。因此,可以说,六岁前的多语言接触可以更多地保留这些语言信息,即便经历突触的"修剪",幼儿依然具备很强的语言能力。

另一个影响大脑认知的重要内容就是脑电波。通过脑电波可以看出人的思维状态。我们每天都有数万个想法浮现脑海。每个想法的出现都会使大脑产生轻微的放电。大脑放电是一个神经元在接收另一个神经元发出的信号时，神经递质（即化学信号）从突触前细胞传递到突触后细胞，当突触后细胞的电位能量累计超过一定的阈限值时产生的放电现象，也被称为脑电波。单个神经元的放电现象（即单个脑电波）很难观测到，但许多神经元同时放电就可以测量。比如，脑电波位于12到30Hz之间（即β波）时，大脑处于专注状态。脑电波的频率变动范围在每秒1~30次之间，有四个波段：δ波（0.5~3Hz）、θ波（4~7Hz）、α波（8~13Hz）、β波（14~30Hz）。δ波出现在婴儿期，可在颞叶和枕叶记录到这种波段。θ波出现在青少年（10~17岁）时期。正常人的脑电波是α波，表明处于平静状态。如果突发脑膜炎等疾病，细胞电生理功能可能会出现异常，从而导致脑电波紊乱，这会造成记忆力下降、注意力不集中等学习困扰。

大脑的化学递质和脑电波是大脑正常运作的基础，也是学习能力发展的前提。但是大脑工作除了专注力和记忆外，还有情绪不可忽视。大脑的情绪中枢对学习和记忆也很重要。情绪中枢包括前叶皮层、杏仁核、海马体等。这些大脑部位帮助人类调节恐惧和焦虑，在进化过程中起到保护人类生存的作用，比如感到恐惧后，人类才知道逃离。情绪中枢也调节学习和记忆。如果前叶皮层的计算功能和海马的记忆功能被负性情绪占用，大脑的工作效率就会降低，个体会采取回避或逃离的策略保护自己。在语言学习中，如果负性情绪受到强化（比如父母亲频繁使用祈使句与幼儿交流），幼儿会回避交流，从而防止自己再次受到伤害。父母亲的情绪也会对幼儿产生影响。如果父母使用更多的赞美或展现更多的笑容，幼儿会很容易感受到环境的安全感，更善于表达自己。赞美和笑容在语言交流中起到正性强化作用。

母语是婴幼儿出生以来接触的第一门语言，他们在有限的时间里习得这门语言，展现出非凡的语言才能。和下一章节的二语习得相比，母语习得就是一个语言习得的奇迹，遗憾的是，我们却对更多的细节不得而知。

第三章

二语习得

在中国或很多国家,二语习得让人想到的是英语习得。事实也的确如此,英语是这个世界上学习人数最多的第二语言(即L2)。在欧洲,人们甚至认为学习英语一门外语就够了。在二语的世界里,母语是第一语言(L1),人们在获得第一语言后再学习和使用的另一种语言被称为第二语言(L2)。能使用两种语言交流的人被称为双语者。

在中国,少数民族学生的L2是汉语,第三语言(即L3)是英语。对于少数民族学生来说,民族语是母语。从全球的视角看,随着全球化的扩展,大部分国家都已成为双语或多语国家,世界人口中70%的人都是双语者(May,2013)。在各国外语中,英语成为大部分国家普遍接受的外语语言,英语也是各国对外贸易和官方场合的主要语言。本书也主要讨论英语习得的主题,因而不涉及英语以外其他语言的二语习得研究。

二语习得最初被称为二语学习。20世纪50年代,二语习得还只是语言教育的一个分支,之后逐步脱离语言教育领域(Mitchell et al.,2019)。20世纪60年代末和70年代初,二语习得真正成为语言学的一个分支。

和母语习得一样,心理学的行为主义认为二语习得是习惯养成,是对环境刺激做出的反应,即"刺激—反应—强化形成习惯"。因此,在行为主义的观点下,二语教学的主要方法就是完成大量的练习,以及对比L1与L2的差异。行为主义的观点认为二语习得的主要障碍来自L1的干扰。对比两种语言的结构异同可以预测二语习得的难点及错误。教师在教学中可以突出这些难点和错误,帮助学习者克服母语的干扰,并形成新的语言习惯。行为主义的这些做法很快遭到批评。行为主义忽略了语言的创造力,也没有重视学习者的认知能力。到20世纪60年代末,乔姆斯基出版《句法结构》(*Syntactic Structures*)。语言的可创造性引起人们的关注,语言学研究从关注表面结构的结构主义逐步转向关注语言创造力的生成语法研究。皮亚杰的认知发展理论也引起人们的重视,人们意识到,如果枯燥的学习没有内驱力的推动,学习效果也难以获得理想的结果。内驱力是学习者心理激发的动力。学习者才是学习的主体,语言仅仅是一种媒介而已。教师只能在有限的范围内控制教学过程,并不能控制学习者对语言的输入和内化过程。

20世纪60年代,学习者成为二语习得研究的关注点。人们意识到如何调动学习者的积极性,或者鼓励学习者输出言语才是提升二语学习效果的关键。对比分析法(Contrastive Analysis, CA)开始被运用到二语教学中。二语中的语言错误并不完全来自母语的影响。以西班牙语和英语为例,二者在复数的标记上都是在词尾加"-s",西班牙语儿童在学习英语时依然会忽略这个标记的存在(Mitchell et al., 2019)。1972年,美国著名学者塞林格(Selinker)提出"中介语"的概念,人们意识到二语学习者有自己的语言体系。这个体系随着流利水平的变化而变化。中介语是在目的语输入的基础上形成的,是介于L1和目的语之间的一种语言,这种语言体系随着流利水平的提高呈动态变化发展。中介语是二语学习者特有的、未成熟的目的语体系。二语学习者和母语学习者一样,不断假设和验证语言事实,调整和修正中介语体系,使之越来越接近目的语。

20世纪70年代末,克拉申提出了习得与学习假说、自然顺序假说、监控假说、输入假说以及情感过滤假说。这些理论假说成为二语学习研究关注的重点,并在今后的几十年一直备受关注。虽然该假设的某些观点还有待证实。

到了20世纪90年代,中介语研究、影响二语习得的外部因素研究、二语习得的认知机制研究、二语学习者的心理因素研究都成为二语习得的研究关注点(Ellis, 1996)。

21世纪初,二语习得研究呈多元化、多层次的发展趋势,研究对象规模扩大化。个体差异在二语习得中得到重视,比如语言学能、学习动机、学习策略研究等。

基于上述理论或假说,教育研究者们也提出了各种二语教学法,比如语法翻译法、直接法、情境法、听说法、视听法、全身反应法、交际法等。语法翻译法指在教学中使用学生的母语,通过翻译让学生学习目的语的语法规则与不规则的语法内容。直接法指依据母语习得的自然发展,使用目的语直接教学,不依赖母语,并排除翻译的方法。情境法指通过情境练习目的语的教学法。听说法指反复操练目的语句型结构,借此培养听说能力的教学法。视听法指通过视频和音频练习目的语的方法。全身反应法指通过身体动作教授语言的方法。交际法指通过特定语境培养学生使用目的语交际的教学法。这些二语教学方法各有其优点和缺点,一直沿用至今。当然,单一的教学法无法满足当今时代的要求,多种教学法的使用、丰富资源的运用才有可能激发学生的学习兴趣,做到有效教学。

二语习得研究还在不断地发展扩大。该研究不再局限于教育学和语言学，还与心理学、认知科学等学科结合研究，并利用现代研究设备，取得了丰硕的成果。

第一节　二语的相关概念

谈到二语习得的概念，最先要提到的就是"学习"和"习得"的区分。著名语言学家克拉申认为"习得"指在目的语环境中学习目的语，而课堂环境中学习目的语则是"学习"。但目前二语习得研究中，这两个词可交替使用。

在一些二语习得研究中，在提到第二语言时会常见一些词，比如L2，SLA，Bilingualism。L2 指按时间顺序依次习得的第二语言，通常指接触非母语的年龄在四到七岁习得的第二语言。但随着有的国家语言学习政策的开放，学校教育提供多种语言教育的机会增多，多语学习已经变得很常见。在这些国家，L2 不仅用来指第二语言，也指除母语或第一语言（简称为 L1）外习得的其他语言，可能是第三语言（简称为L3）或第四语言（简称为L4），也就是 LN（Ringbom，1985）。相对于 L2 而言，母语被称为 L1，或者 mother tongue，first language。

SLA 是 Second Language Acquisition 的简称，即二语习得。有的观点认为，SLA 通常用于学科领域。如果要指第二语言的习得过程，使用 L2 acquisition 更为恰当（Ortega，2013）。

Bilingualism 通常用于指同时习得两门语言的情况，或指双语现象。Bilingualism 更强调两种语言的熟练使用。因此，bilingual 也用于指已经习得并掌握了两种语言的人。与 bilingualism 相关的另一个词是 bilinguality。该词常出现在心理语言学研究中，强调双语大脑的优点、双语环境下两种语言的认知关系、个体学习双语的优势和劣势等（Hoffmann & Ytsma，2004）。在谈到不同年龄阶段习得双语时，还可能用到 Early Bilingualism，指幼年同时习得两种语言的情况。相应地，Early Trilingualism 用于指幼年习得三语的情况（Cenoz，2000）。在我国也不乏幼年同时习得两种语言的情况。比如，出生于少数民族地区的儿童就具备条件，可以同时习得母亲的汉语和父亲的少数民族语言，或反之。

第二节　二语习得解析

在二语习得中最常见的问题是：二语习得是否和母语习得一样？同样是语言习得，二者的区别似乎仅仅是习得时间的差异。此外，二者都需要对语言进行假设和验证。二语习得与母语习得有很多相似之处，但也有差别。二语习得时，学习者已经掌握了母语，所建立的假设和需要验证的假设在母语习得时已完成一部分（Gass & Selinker，2008）。L2 的习得不可能离开母语习得这块基石，即使 L2 是外语或与母语分属不同语系的语言。在 L2 习得时，学习者需要借助 L1 理解 L2，需要在与 L1 的对比中学习 L2。L1 和 L2 相互影响、相互促进、相互提升。L1 可能易化 L2 的学习过程，但也有可能干扰这个过程，即正迁移或负迁移。L2 也有可能对 L1 产生影响，即反迁移。

L1 习得与 L2 习得有一定的差异。L1 习得以被动输入为主，而 L2 习得以主动输入为主。L1 习得时，大脑中并没有预设的词汇或句法结构存在。即便依据天赋说的观点，L1 习得时有天生的语言习得机制（即人类语言的普遍特征）存在，但习得语言的个体还是需要依据母语的特点设置语言参数，从而习得母语。L2 习得时，大脑中已有母语词汇和句法作为参照，可以通过 L1 语言辅助习得 L2。

既然 L1 和 L2 是相互影响的关系，两种语言是否共享语言体系呢？对于两种语言体系的关系，目前的研究有两种观点。分离发展假设（The Separate Development Hypothesis）认为 L1 和 L2 两个语言体系分开发展（De Houwer，1990）。相互依赖发展假设（The Interdependent Development Hypothesis）认为两种语言体系相互影响、相互促进（Paradis & Genesee，1996）。也有观点认为，L2 习得初期的语言系统支持两种语言的发展，习得后期相互交叉影响（Volterra & Taeschner，1978）。双语儿童的语言识别研究支持这一观点，幼儿在一岁前就能依据语音区分非常相似的两种语言。

成年二语习得学习者应该都会支持相互依赖发展假设。二语习得中语言的相互影响和支撑作用非常显而易见。"邻近效应"（Neighborhood Effect）的观点认为L2和L1存储于一个语言系统，当L2和L1的单词在字母上相似或发音相似时，被试的反应会增加（Slabakova, 2016）。这说明两种语言因相似点在发生交互作用。此时，二语学习者需要花时间对L2和L1进行辨别。实验中，在识别英语单词blue时，荷兰语—英语的双语被试激活了英语单词clue和glue，同时也激活了荷兰语blut和blus（Dijkstra, 2003）。"邻近效应"表明，两种语言中相似的词汇在记忆中的存储非常邻近，且相似程度越高，需要辨别的时间越长。此外，两种语言的词汇依据音节进行存储，比如依据节首辅音丛/bl/这一音节或节核/u:/这一音节进行存储。

神经科学研究发现，L1习得和L2学习在大脑激活上有所不同。L1习得主要激活部位为左侧大脑，而L2习得激活了整个大脑，或者右脑激活的区域更多（Ortega, 2013）。L2习得调动的大脑资源比L1要更多，因而激活区域也更多。

二语习得中谈得很多的另一个问题是：L2是否可以达到L1的流利程度呢？事实证明，二语习得要比母语习得更难一些。许多人学习L2很多年也未必能完全掌握或非常流利地使用L2。通常意义上讲的"流利使用外语"指基本交流的流利性，并非完全掌握L2。比如，用移民的二语掌握情况来衡量这一问题，通常的移民要达到专业上或者学术语言上的流利性，至少需要在英语国家学习5到7年的时间，而要达到L2交流的流利性，两年的时间即可实现。但一般来说，能达到交流流利性的人未必能在学术上也能流利应对（Cenoz, 2000）。从这个意义上讲，语言的流利性分为交流流利性和学术流利性。

此外，流利使用一门语言需要具备五个方面的知识：语音信息、句法信息、词汇信息（包括词和词的组合）、关于世界的概念知识以及某些信念系统（用于评估听到的信息）（桂诗春，2011）。这些知识在母语习得中需要很多年才能完成，对于L2来说就更加困难。大部分L2学习者都是在本母语国家学习L2，学习掌握语言知识克服母语困扰已经有很大的难度，那么对于世界知识的习得就更不容易。

因此，可以说，母语习得与二语习得有相似点，也有差异。二语习得的主要形式是学习，需要克服的困难和阻碍要比母语更多。L2也主要在课堂或正式学习环境中完成,对目的语的接触有限,和母语习得有很大差别。

一、二语语音习得

二语语音习得在习得速度和效果上都无法与母语语音习得相比。首先,从生理上看,发音器官已习惯母语发音模式,感觉肌动已形成习惯性动作,神经指令也已形成习惯性条件反射。为了习得 L2 语音模式,发音器官和神经传导指令都要做出调整和适应(王立非、孙晓坤,2007)。从语言学角度来看,L1 和 L2 的语音如果有相似点的话,L1 会易化 L2 语音习得,形成正迁移。但由于发音器官已习惯母语发音模式,L2 的语音习得很难接近目的语的语音效果。

和前面提到的问题一样,母语和 L2 的语音系统是相互独立还是彼此共享,抑或是部分共享部分独立呢?有 L2 学习体验的学习者都知道,L2 语音系统建立在 L1 语音系统之上。弗莱杰(Flege,1987)提出的 L2 语音学习模式认为无论任何年龄学习 L2,学习者都会建立两个语音范畴体系,新语音范畴通过与 L1 的语音范畴对比过滤才能形成。弗莱杰也提到 L2 语音习得的一个特点:如果学习 L2 的个体在目的语国家待过一段时间,L2 的语音习得会较为容易,而且通过这种习得方式建立的 L2 语音体系很难再发生改变。依据这种看法,L1 和 L2 语音系统的关联关系由学习者接触的语言环境决定。在母语环境中,L2 语音习得离不开 L1 语音系统,而在目的语环境中,这种依赖性会减少,并逐渐脱离母语语言体系。

弗莱杰的观点描述了语言产出中 L1 和 L2 语音系统的关系。在语音感知中,有观点认为两种语言的语音体系相互关联,并且 L1 对 L2 的影响大于 L2 对 L1 的影响。"母语磁效应"(Perceptual Language Magnet theory)(Kuhl,1992)和"L2 感知同化模式"(Perceptual Assimilation Model-L2)(Best & Tyler,2007)都认为母语语音原型有"磁力"效果,这种"磁力"会妨碍对 L2 学习者有效辨别目的语中的语音差异,从而影响对 L2 的语音感知。Mohanan(1993)也认为语言中的规则不是规定,也不是一种限制,而是吸引。在这些观点中,母语语言系统被看作是一个吸引场(fields of attraction),会吸引其他语言的规则和系统。

L2语音习得的另一难点是对目的语语流进行语段(segment)切分。在英语作为L2的学习中,英语的"协同发音"(coarticulation)让英语初学者难以划分语段。不过,经过训练后,通过韵律和重音的感知,学习者可以克服这一难题。相比之下,如果L2是声调语言(比如普通话和泰语)的话,声调有助于划分语流(Slabakova,2016)。听觉训练是二语习得中必须经历的学习体验,练习如何切分语言才可能进一步理解句子含义。母语习得也同样如此。

语流切分完毕后,将语音与心理词库中的语音特征相匹配就是下一个任务。这样做可以找到对应词汇,理解句子含义。"交股模型"(the Cohort Model)(Marslen-Wilson,1987)对这一过程进行了描述:当听到一个单词的语音时,这个单词的前150~200毫秒或前两个音素被捕捉,之后,一些词汇"股群"被激活。音素和股群中构成词汇发音的音素一一匹配,直到完全吻合为止。在此过程中,不匹配的音素则被过滤弃用。以单词happy为例,最先匹配的是/h/ /æ/两个音素,与之对应的单词音素被激活。然后继续匹配第三个音素/p/,不能匹配的音素又再一次被过滤。最后,直至找到与音素[hæpi]完全匹配的单词为止。"交股模型"的特点是,所有音素被平行激活,被激活的音素相互竞争,直至完全匹配。

除以上内容外,语音习得还涉及超音段特征习得。超音段特征包括声调、语调、重音、音节、短音节、韵律等。和语段分流及语音匹配相比,超音段特征习得相对较为简单。无论如何,L2语音习得是L2学习的起始阶段,对L2学习者来说是一个难点,也是一个挑战。在这个阶段,L2学习者不仅要克服生理上的习惯(比如发音习惯),也要在心理上克服畏难情绪或者外界的不利影响。这些都比母语习得要复杂,也困难得多。下面的词汇习得和语音习得相比就较为容易一些。但词汇习得是终身习得,持续时间较长。

二、二语词汇习得

词汇学习是语言学习中持续时间最长的一部分,是较难掌握的一部分,也是最容易出错的一部分。没有词汇的合理组合,句子就无意义。词汇是传达信息的关键所在,但并不是将词汇依据语法规则组合就能产生意义,词汇组合传达意义的基础是语言习惯。这就增加了词汇习得的难度。

此外,"词汇习得假设"(Lexical Hypothesis)提出,交流传达的信息不可能自动触发句法形式,是词汇基于句法信息、语法特征和激活顺序引发语法编码,从而产生特殊的句法结构(Levelt,1989),从而传达意义。由此可以看出,词汇信息是句子编码和产生的动力,是确定句子关系的关键所在(Gass & Selinker,2008)。词汇有启动句子信息的作用,也有调节作用。没有词汇的调节,句子信息很难传达准确。句子的错误并不会影响语义的理解,但词汇使用错误会导致句意改变。因此,传达有意义的信息要比句子的形式特征重要得多。

谈到二语词汇习得,人们经常会想到心理词库的组织问题。和语音习得一样,研究者们通常都想知道二语词汇的心理词库与母语的心理词库是分离还是相互依存的关系。在语音习得中,我们看到语言环境可以区分母语语音系统和二语语音系统的关系。在二语词汇习得中,语言流利性也可用于区分两种语言心理词库的关联关系。对于初学者而言,依靠L1语义网络建立新的词汇体系是必要过程,随着语言流利水平的提高,二语学习者不需要L1的语义调节就可以直接产出二语词汇。Kroll & Curley(1988)的研究中,英语为L1德语为L2的双语初学者和流利双语者完成图片命名和词汇翻译任务时,双语初学者的词汇翻译速度比图片命名更快,而双语流利者在两个任务中都没有表现出明显的差异。这表明,随着L2流利水平的提高,对L1的依赖水平也会随之降低。也就是说,随着流利程度的提高,L2词汇体系会独立于母语词汇系统之外而存在。

对于L1和L2心理词库的关联关系,温瑞奇(Weinreich,1953)提出了三种类型:并列型(coordinate)、复合型(compound)和从属型(subordinate)。并列型指两种语言有各自的词汇语义概念系统,复合型指两种语言共享一个概念系统,从属型指L2的词汇语义概念系统建立在L1的基础上。词汇类型决定了两种语言的关联程度。科勒斯(Kolers)通过词汇联想和启动实验发现了词型效应(word type effect),即具体词在单语和双语情境下的反应时相同,而抽象词在两种情境下的反应时不同。也就是说,两种语言的具体词共享一个词汇语义概念系统,属于复合型,而两种语言抽象词的两种语言词汇概念系统则是各自独立的,属并列型(董艳萍,1998)。神经科学研究也提供了这方面的证据。L2儿童的大脑在加工L1和L2功能词时表现出不同的激活区域,而实义词却没有激活差异(Ortega,2013)。也有的观点将词型效应看作选择性注意的结果,该观点认为L2学习者很容易发现实义词在传达信息时的即时有效性,而功能词仅用于加深语言信息的强度而已(Cenoz et al.,2001)。

同源词和非同源词也表现出了词型效应。双语的同源词共享一个词汇概念语义系统,非同源词则有各自语言的概念语义系统(董艳萍,1998)。德格如特和霍克斯(De Groot & Hoecks,1995)把同源词和具体词的这种存储方式称为复合存储系统,而非同源词和抽象词的存储方式称为协调存储系统。之后,德格如特和霍克斯也将流利性纳入考虑因素,并将Weinreich的系统划分进一步拓展。他认为,L2学习初期与L1系统的关联关系是从属型,随着流利水平的提高,逐步发展为复合型或协调型(Cenoz et al.,2001)。语言流利水平对两种语言关联关系的影响在神经科学方面得到了证实。语言流利水平更高的二语习得者其大脑激活区域更少,这可能是因为语言达到一定流利水平后,所需要消耗的语言资源减少的缘故(Ortega,2013)。

此外,无论是母语的心理词库或是L2的心理词库都呈动态变化,随着习得程度加深,心理词库一直在变化、调整、完善。可以说,动态性就是心理词库的主要特点。词汇概念的增加也是一个引起发展变化的因素,学习者语言流利水平的提升、学习方法效率的提高、学习年龄的变化、周围环境对L2学习的支持等因素都有可能增加L2心理词库的动态性。这一点和母语词汇习得不太一样。L2的外界影响因素较母语词汇习得更多。

与母语词汇习得相同的是,L2词汇习得也需要完成词类的标记任务、归类任务和网络构建任务。在这个过程中,L2词汇会依据与L1词汇在语音、词形上的相似程度进行标记。归类时分为纵向归类和横向归类。纵向归类指将意义相似的词汇依据表达程度和强度的不同划分为不同等级。横向归类则是将意义相似的词汇归为同一范畴,以便在选词时依据情景进行比较和挑选。网络构建是将与词汇相关联的词组、释义、功能、语义构成等内容与该词建立网络连接。每个L2单词都有自己的网络,每个网络都包括与L1的对比内容。

前面提到语言习得模式有普遍性,婴儿习得英语语言的顺序基本一致。在L2词汇习得中也呈现出普遍习得模式。贝利(Bailey)及其同事在研究中也发现,西班牙语儿童和中国儿童在习得L2英语词素时表现出很大的一致性。这两种语言的双语儿童在二语词素习得方面的顺序依次是：进行时（–ing）、连系动词的缩写（'s）、常规名词复数词缀（-s）、助动词的缩写形式、规则动词过去式、不规则动词过去式、特殊名词复数词缀（-es）、所有格形式（'s）、第三人称单数（-s）（详见 Slabakova，2016）。此外，在英语作为 L2 学习的初期，L2 学习者的一些语法错误甚至都是一样的，比如使用"裸露动词"（bare verbs）代替现在进行时。这种错误在英语作为母语习得时也曾出现，幼儿会使用 She play 代替 She's playing（Slabakova，2016）。

二语习得中，学习者总是对词汇学习报以很大的期望，希望能穷尽所有单词，从而能和目的语人群达到一样的词汇水平，但往往都很难做到。不过，有效的词汇的学习策略可以在这方面提升一些效果，比如附带词汇习得和词汇深加工策略。附带词汇习得指学习者主要关注词汇意义和运用。研究中，阅读短文然后回答问题的小组和阅读短文然后进行词汇练习的小组相比较，后者的学习效果更好（Paribakht & Wesche，1997）。从意义层面加工词汇比在语音层面加工效果更好（Craik & Lockhart，1972）。意义层面的加工包括了词汇搭配、词汇的运用语境、词汇的构成等信息。这些信息都属于深加工，有利于记忆的存储和保持。在词汇习得策略中，口头重复记忆单词要比视觉重复（一遍一遍抄写单词及其释义）效果好。学习者经常使用的页面边缘进行词汇注释、阅读理解加上词汇填空以及用目的语写作的策略中，用目的语写作效果最好，页面边缘注释释义的效果最不明显。普遍使用的单词表背诵策略效果最差（Gass & Selinker，2008）。对于二语词汇习得，最好的学习方法还是广泛阅读加上多种策略的使用。

三、二语句式习得

和前面提到的二语语音和词汇习得相比，二语句子习得的难度在于学习者要用本土化的认知方式去表达和组织句法内容（王晓宏，2019）。通常来说，句子是单词依照句法规则组合而成的语言单元，但在语言表达中，句子不仅是单词组合，它也是语法规则的体现，语言表达习惯的呈现。但是，并不是所有符合语法规则的句子都符合语言表达习惯。因此，L2 句子习得要符合"本土化的认知方式"可谓是 L2 句子学习的天花板。

二语习得句子中的句式概念和人们通常说的语法不同。通常说的语法指句子成分的排列规则。这样的语法有两种类别：规定性语法（prescriptive grammar）和描述性语法（descriptive grammar）。规定性语法指的是学校里讲授的语法，也就是目的语国家当地人说话和使用语言的方式。描述性语法是语言学家关注的内容，用于描述语言，包含一些语言学术语、理论和规则。语言学研究中的句法指的就是描述性语法。本章讨论语言习得的问题，二者都有兼顾。

母语习得后，说话者的句式加工表现出高度自动化的特征。也就是说，母语对句式的表达能在短时间内完成，并形成句子的深层表征（何文广，2015）。但L2的句子加工却很难达到这样的自动化水平。二语学习者更多的是依赖一些浅显的词汇—语义、语用信息，主要依赖词汇信息来组合句法内容是二语句法习得的主要特征。外语语言环境缺乏导致语言输入有限是L2句子习得无法达到深层表征的主要原因。

L2句子加工研究多采用脑电图（electroencephalography，EEG）技术或事件相关电位（event-related potentials，ERPs）。这些技术手段的使用向我们证明了L2句子习得与母语句子表达的差别。EEG和ERPs可以反映出明确的感觉刺激（比如音节、词汇）或认知加工（如句子或词组中的语义错误识别）的脑电活动情况。二者对大脑活动敏感，并且无噪音，常用于对婴儿或幼儿的语言反应研究中（Kuhl & Rivera-Gaxiola，2008）。这两种脑电技术可以发现外界刺激引起大脑皮层的脑电波活动，从而检视人脑对不同信息的加工过程。研究者使用计算机从EEG提取外界刺激引起的大脑皮层高级功能电位，记录在认知加工时大脑皮层产生的脑电波数据，也就是"事件相关电位"。ERP数据不仅可以反映时间维度，也可反映空间维度（即不同脑区的变化）。研究者们通常使用时间维度记录。ERP的最大优势就是极高的时间分辨率（靳洪刚等，2019）。研究中常见的ERP指标有N200、N400和P600。N200和N400是负波，P600是正波。N200指在刺激呈现后200毫秒左右出现峰值的负波。N400是刺激呈现后400毫秒左右出现的峰值的负波。P600是发生在刺激呈现后500~900毫秒之间的正波。P600效应通常反映的就是句式加工的再分析、修复和加工复杂度等问题（靳洪刚等，2019）。通常，英语为母语的被试其脑电波呈现的是P600，而在对L2学习者来说，在处理英语复杂句式时，被试的脑电波通常停留在N400指标，即停留在语义加工层面。（季月、李霄翔，2018）。对L2学习者的研究中也发现，成年L2学习者的句子表达主要通过词汇、语义和语用信息来完成,但说目的语的成年人则主要使用句子结构来传达信息。成年L2学习者的句子表征不可能达到目的语成人的水平。L2成年学习者的句式表达的深度不够,准确度也欠缺,细节描述不够充分(Clahsen & Felser,2006a)。没有到过目的语国家的L2学习者通常在二语句式传达意义方面都有所欠缺。此外,句子传达意义也带有情绪和情感的意义在其中,这对于二语学习者来说很难习得这种语言情绪。

对英语以外其他语言的研究也发现,句式习得在L2习得很有挑战性。对法语作为L2的研究发现,法语母语者的脑电波为明显的P600,而以法语为L2的被试仅被诱发了具有法语特征的N400(何文广,2015)。有的德语二语被试移民英语国家超过10年也难以达到英语母语者对句子自动化加工的程度。有的德语二语被试即使达到了P600效应,但也没有达到AN效应(即前额负波,也是一种脑波分析指标)。目的语环境对L2的语音习得及词汇习得有很大帮助,但句子习得要达到本土化水平有一定挑战性。

L2句子习得在语际间和语内都会受到语言因素的影响。首先,L2句子习得仍需依赖L1语言系统才能得到发展。为了避免呈现过于突出的母语特征,二语者在句式表达上会尽量使用简单句,以传达简单意义为主。此外,在该语内也会受到各个层面语言内容的影响。Rumelhart和McClelland(1981)提出的"交互作用激活模型"中提到词汇通达需要多个层面语言内容的交互作用,包括字母水平、单词水平、句子水平。各个语言层次水平在记忆中分开存储,但又在使用时相互传递和激活。它们可以自上而下地加工(即从语篇句法的加工到语音的加工),也可以自下而上地加工(即从最小单位的音素加工开始一直到语篇的加工)。语言知识和其他知识的认知一样,都是相互交织和关联、相互支撑和发展的。

二语习得的语言本体是习得时主要内容,仅仅是这些内容的习得就要耗费学习者很多年的时间。由于接触目的语国家人群的机会较少,二语学习者主要通过视频或音频材料学习L2,但学习效果无法与母语习得相比。相比之下,母语习得的幼童完全沉浸在母语环境中,有父母的全力指导。此外,语言习得不仅为了传达意义,也用于传达情绪和情感。语言情感特征的习得需要学习者在高流利水平状态下才可能完成。因此,对于大部分L2习得者来说,语言情感特征的习得也是一个难点。

第三节 二语习得的相关理论

二语习得的研究已经颇为成熟,研究者们提出很多的理论、假设或者模型,从各个层面对二语习得现象做出了解释。但由于研究的角度不同,理论假设提出的观点也各有不同。此小节中我们仅对一些较为熟悉并广为接受的理论和假设进行阐述,为二语习得研究提供参考。

一、关键期假设

关键期假设(the Critical Period Hypothesis)是 L2 习得中经常被提到的理论。该假设认为,如果在青春期后才开始习得 L2,则很难达到母语者的水平。蒙特利尔神经科学家彭费德(Wilder Penfield)最先提出这个理论,语言学者伦尼伯格(Lenneberg)在 1967 年的学术研讨会上让大家熟知了这个假设。关键期假设以大脑的形成发展为基础,因为 90% 以上正常的大脑侧化(即语言功能区定位于左脑)都在青春期前完成。因此,伦尼伯格认为青春期之后,随着大脑可塑性降低及语言功能侧化,语言习得效果将会随之产生影响(Slabakova,2016)。

著名的 Genie 案例进一步证明了关键期假设的真实性。Genie 在被囚禁的 12 年期间,没有过任何语言输入。被警察发现后,尽管接触了大量的语言,但 Genie 并不能完全掌握英语。另外,一些成长期语言输入被剥夺的儿童案例似乎也证实了关键期假设的正确性。

L2 习得研究中,语言习得关键期定位于 12 岁,但是 L1 的习得研究提出关键期更短,可能在两岁后就结束。在 L1 的研究中,2 岁后植入人工耳蜗的听障儿童与 2 岁前植入人工耳蜗的儿童在语言习得上表现出了差异,前者在词汇和语法习得上速度较缓,表现相对差一些(Ortega,2013)。

尽管 L2 习得将关键期定于 12 岁,但成年人成功习得 L2 的例子也不鲜见。Ioup 及其同事(1994)的研究中,Julie 和 Laura 两个成年人成功习得 L2 语言后,有一半专家都难以识别他们的语言和当地人的语言的差别。

近期有一些研究也提出,大脑一直到成年都具有可塑性,这种可塑性并不会随着青春期的消逝而停止。很多研究现在也证实,如果在青春期以后习得 L2,语音和音系结构的习得的确无法达到当地人的水平。但是,形态句式和语义的习得却不乏成功的例子(Slabakova,2016)。成年人成功习得 L2 的例子中总是提到成年人的学习策略运用是语言习得的关键所在。成年人在 L2 学习中依靠的是学习策略,而儿童的学习更接近"习得"。Snow 和 Hoefnagel-Höhle(1977,1978)的研究中发现,无论是完成语言指导课程还是对 L2 长达一年的自然接触,成年人和青少年的表现都比儿童更好。当然,个人的不同经历也会对大脑有塑造作用。有的神经认知研究也提出,后天的经历可以改变大脑的生理结构和组织功能,可能使大脑变得更聪明。除了学习能力以外,个人经历、基因遗传、外在刺激都有可能对 L2 学习起到促进作用。成年人在这些方面的优势比较明显。

对青少年的研究也发现,12~15 岁学习荷兰语的英国被试比 3~5 岁或者 6~7 岁的被试学习速度更快(Snow and Hoefnagel-Höhle,1978)。在这个例子中,在 L2 学习者虽然不具备目的语习得环境的情况下,学习者的认知水平发挥了重要作用。这种认知水平可能就来自后天的个人经历或外在刺激。

如果说年龄并不能决定 L2 学习水平,那么什么因素可以决定呢?Muñoz(2014)的研究结果发现,接触高质量的语言输入对口语的影响更大,相比年龄的决定意义,这种接触更能决定语言输出水平。Montrul(2009)对遗产语言(heritage language)的研究也发现,L2 学习的起始年龄并不是决定语言习得的关键因素,语言输入的数量和语言的使用可以发挥更大的作用。艾利斯(2008)在《二语习得研究》中也强调了动机在 L2 习得中重要性,并且还将 L2 习得动机分为起因型(causative)、结果型(resultative)、内在型(intrinsic)和外在型(extrinsic)。决定 L2 学习取得成功的因素很多,年龄只是其中的一个因素。近年来,由于成年人学习 L2 取得较好效果的例子越来越多,关键期假设的支持者逐渐将这种说法改为"敏感期假设"(sensitive period)(Granena & Long,2013)。

此外,有的研究提出,并不是所有的语言知识习得都有相同的关键期。比如,L2 语音习得的关键期就比词汇或句法习得更加明显。1~5 岁移民到美国的儿童比其他年龄段移民到美国的儿童更具语音习得优势(Yeni-Komshian, Flege & Liu, 2000),他们的语音可以完全接近目的语国家的发音水平。而相比之下,成年人的语音习得难以摆脱母语发音习惯,在语音习得上凸显劣势。但成年人在词汇和句式表达上有一定优势。和前面提到的一样,语音习得的困难主要源自母语语音习得的发音对发音器官和神经反应已经形成习惯性反射,这种多年形成的习惯性反射很难一时改变。

二、监控理论

监控理论(Monitor Theory)是克拉申于 20 世纪 70 年代末 80 年代初提出的语言学理论。这也是二语习得领域的第一个理论。在此之前,人们对语言的理解还停留在心理学的行为主义理论和结构主义语言学的层面。监控理论包括五个相关联的假说:习得与学习假说(the Acquisition-Learning Hypothesis)、监控假说(the Monitor Hypothesis)、自然顺序假说(the Natural Order Hypothesis)、输入假说(the Input Hypothesis)和情感过滤假说(the Affective Filter Hypothesis)(VanPatten & Williams, 2015)。

习得与学习假说区分了学习和习得的不同。但在目前的二语习得研究中,学习与习得二者可互换使用。

监控假设认为在语言产出过程中,个体会通过"监控器"监督整个过程的完成。通常,L2 学习者并不会意识到监控器的存在。监控假设还提出,语言学习的过程并不是非常有用,语言输出时将习得的语言编辑整理输出时,习得的语言才真正发挥作用。

自然习得顺序假设认为二语学习者习得语言的顺序具有普遍性,比如通常是先习得词素 -ing、-ed、-s 等内容,然后再习得其他内容。在句子习得上,学习者也是先习得问句,然后再习得否定句,然后才是关系从句。自然习得顺序假设与天赋说的语言习得机制相一致。二者都认为人类大脑中的确有一个天生的语言习得机制存在,这个习得机制已对习得内容确定了顺序。否则,看似简单的第三人称单数的动词词素 -s 本应最先习得,但对于大多数学习者来说,这个词素的习得会持续很长时间,甚至多年。

输入假设提出可理解输入是二语习得的关键。可理解输入指比学习者现有水平程度稍难的语言输入才是有效输入。太难的语言材料会让学习者产生挫折感,简单的语言材料又很难让学习者产生学习成就感。因此,确定学习者的语言程度,并以此确定语言学习材料,这才是有效的学习输入方法。克拉申认为,大量的可理解输入加上语言习得机制的力量可以保证语言成功习得。输入假设忽视了外在的影响因素。语言习得发生在社会环境中,习得成功与否受多种因素的干扰。

情感过滤假说认为学习者的二语习得机制中有一个情感过滤器(the affective filter)。当学习者有压力或没有动力的时候,情感过滤器会"上升",妨碍进一步的语言学习。而当学习者感到放松或被激励时,过滤器就会"下降",此时,学习者可以吸收更多的语言知识。情感过滤假说考虑到了学习过程中的心理因素。这个因素可以促进或妨碍二语学习,不可忽视。

克拉申的监控理论成功解释了二语习得中很典型的学习现象,对二语习得有启发和提升作用。

三、输入加工理论

语言的输入和输出对语言习得来说,哪一个更重要呢?输入加工理论就是这样一个反对强调输出的理论,该理论强调输入的重要性。语言习得离不开语言输入,但并不是所有的语言输入都可能被习得。输入加工理论(Input Processing, IP)认为二语习得应重视语言的输入和理解,并且提出理解是二语习得的前提,认为语言习得是理解的副产品(Truscott & Smiths, 2004)。Vanpatten 提出的"输入加工理论"认为学习仅仅依靠注意是不够的,还需要对语言输入的理解和吸收。因此,该理论认为二语习得包括语言输入、吸收、发展语言系统和输出,并且提出"摄入"和"输入"是两个概念。可理解输入也未必就能摄入,但摄入的前提必须是可理解性输入。Vanpatten 认为学习者对输入的初始信息进行提取、加工,然后才是摄入,并输送到其他真正储存和组织信息加工的处理器(许冰超,2019)。输入加理论也强调了语言输入会引起语言系统的变化,语言系统会不断调整和完善。

对于"输入加工理论",Vanpatten(1995)列出十个原则,这些原则相互影响,共同作用辅助语言习得。这些原则体现了二语学习者的学习特征:实词首位原则(the Primacy of Content Words Principle)、词汇优先原则(the Lexical Preference Principle)、非冗余性语法标记优先原则(the Preference for Nonredundancy Principle)、有意义语法标记优先原则(the Meaning before Nonmeaning Principle)、第一名词原则(the First-Noun Principle)、一语迁移原则(the L1 Transfer Principle)、事件可能性原则(the Event Probability Principle)、词汇语义原则(the Lexical Semantics Principle)、语境限制原则(the Contextual Constraint Principle)、句首词项原则(the Sentence Location Principle)。

实词首位原则指学习者在加工任何其他内容前先加工实词。词汇优先原则意为学习者在对语义信息编码的时候会先加工词汇意义,然后才加工语法内容。比如,在加工现在进行时的句子时,二语学习者会先加工单词含义,然后才会加工词汇的进行时信息。非冗余性语法标记优先原则认为,在学习过程中,有些语法信息会被学习者看作多余的冗余信息,学习者会先加工非冗余性信息,然后再加工他们认为的冗余信息。比如,一个句子中出现第三人称单数加"-s"和现在进行时"-ing",在此种情况下,现在进行时不会被看作冗余信息,会被先加工。之后,被看作冗余信息的第三人称单数信息才会被加工。有意义语法标记优先原则指学习者会优先加工有语法标记且有意义的信息(比如现在完成时),然后才会加工他们认为无意义的语法标记词(比如从句的引导词 that)。第一名词原则指学习者会优先加工句子中遇到的第一个名词或代词。一语迁移原则指学习者开始学习 L2 时会使用 L1 分解 L2 的内容。事件可能性原则认为学习者会依靠日常发生的经验来分析句意,比如 The girl bit the dog,依据事件概率原则,女孩不可能咬狗,学习者只会将句子理解为"狗咬了女孩"。词汇语义原则认为学习者在解释句子含义时会依赖词汇语义,而不是其他原则。语境限制原则指学习者会依据前一句的语境来判断句子含义。句首词项原则认为学习者往往对句首词项的信息记得比较清楚,其次才是句末或句中的词项信息。这个原则与词汇记忆的首因效应相一致,人类信息记忆似乎都是对最初见到的信息记忆犹新。

输入加工理论强调输入的重要性,并突出了"理解"后的输入更有效。"理解"后的材料相当于被进行了信息深加工,有利于信息在长时记忆的存储。但输出也很重要。就像监控理论提出的观点：输出能力证明了语言信息存储的有效性。能够输出，证明语言信息已被理解和摄入。只有"理解"后存储的信息才能在输出时被恰当使用。因此，可以说，输入和输出对于言语都很重要。"理解"后的输入有利于信息存储，也有利于输出时信息的提取。

四、涌现论

涌现论（Emergentism）由艾利斯提出。该理论的观点认为，语言形式结构的习得是通过语言习得经验的"涌现"来实现的，并不是与生俱有的能力或仅只是抽象结构的表征（Mitchell et al., 2019）。艾利斯认为，学习者长时间对输入的语言特征进行分析，从而抽象出语言规则，这就是语言习得过程。涌现论将二语习得看作生理和心理活动的结合，是一个复杂的大脑运作过程，体现了学习者复杂的计算、分析和抽象能力。

涌现论和输入加工理论一样，涵盖了多种理论，其中包括语言使用理论、频率理论、构式语法、认知语法、连接主义理论和驱动假设等（MacWhinney, 2015b）。涌现论认为语言输入和学习者的习得机制决定了二语习得的发展。

依据涌现论的观点，二语学习者在接触第一个单词的时候，记忆就开始运作形成。词汇的特征（比如音素构成或正字法拼写顺序）会被一一记录。与此同时，学习者感知系统中的"检测器"（detector）也开始运作。自此，只要检测器感知到该单词的出现，便会激活单词。检测器有一个激活层和一个阈限层。每一次单词特征的出现都会使检测器提升该单词的激活层高度。当单词的出现次数达到一定量时，激活层便会触及阈限层，使该单词在今后的学习中非常容易被激活。检测器的运作机制解释了单词记忆和提取的原理，对单词记忆做出了合理的解释。二语习得研究认为，词汇接触频率达到15次便能记住该单词。涌现论中"检测器"的激活层和阈限层对此做出了解释。二语习得中，重复增加接触频率是主要学习特征。无论是语言习得还是输出，重复频率都起着关键作用。

涌现论的观点中，以下几个因素决定了语言习得的难易程度（Mitchell et al., 2019）：语言输入频率、生理突出性（比如某些语言特征更容易被听到或理解)、意义的冗余程度(即信息的重要程度)、语言特征和意义的复杂程度、语言特征呈现的词汇和语义情境。

涌现论还解释了一些二语习得现象,比如注意屏蔽。注意屏蔽指学习者没有将词汇的意义或功能与词汇形式联系起来。比如,二语习得者经常犯的错误 She does dishes every day。学习者不会将 every day 弄错,但常常忘了将 do 变成第三人称单数 does。依据涌现论的观点,这是二语学习者选择性注意的结果。学习者过多地关注 every day,从而屏蔽了对曲折形式 does 的关注(贾光茂,2011)。

涌现论将学习者语言习得经验的"涌现"看作是统计式学习的结果,也就是说,学习者会无意识地总结出一些语言形式的使用规律。比如对语流的划分,即便是无意义的语流,学习者也会设法找出其规律性,将语流划分出界限(Saffran et al.,1996b)。涌现论还解释了一些二语习得者经常使用的语言形式,比如学习者经常使用 explain 的与格形式 explain sth. to sb. 而不是 explain sb. sth.。涌现论的观点认为,这是因为学习者经常听到的都是 explain 的与格形式,是学习者学习经验的体现。

涌现论将二语习得看作非常复杂的生理和心理活动。语言的习得不仅是大脑的记忆和存储,学习者的心理活动也参与其中。这一点和下面我们要接触的语言学习动机相吻合,也就是说,学习者在心理上对二语的接受程度会影响到二语的学习效果。

五、可加工性理论

可加工性理论(Processability Theory,PT)是关于 L2 语言能力发展的理论。该理论的逻辑假设是:在语言习得的任何阶段,学习者的语言产出能力和理解能力都受限于当时语言加工器所能应对和处理的能力(Pienemann,1998)。依据加工理论的观点,我们需要一个语法和一个加工成分才能理解二语习得。这个语法指的是词汇功能语法(Lexical Functional Grammar,LFG)。皮耶尼曼(Pienemann)认为,LFG 包括词汇项语法信息的识别、词汇信息的临时存储以及词汇在组成结构中的应用,这是一个心理过程。而加工器的加工是无意识控制地、自动完成地加工。

此外,可加工性理论的假设提出,工作记忆的参与保证了语法信息加工的完整。比如说，He is reading now，当加工 He 的时候，第三人称单数的信息 is 就保留在工作记忆中；加工 is reading 的时候，现在进行时的信息保留在工作记忆中，在加工 now 时，现在进行时的信息和 now 提供的时间点信息相确认。

可加工性理论认为任何学习阶段的语言产出和理解能力都局限于语言加工器在当时的运作能力，这样说来，每个阶段的语言习得内容则不同且有限。因此，皮耶尼曼（1998）提出了一个可能性加工顺序。这个顺序体现了 L2 学习者的语言习得顺序：无顺序（即单个词汇的产出阶段）、范畴习得、名词词组习得、动词词组习得、句子习得、从句习得。这些内容依次习得，前一内容是后一内容产生的前提。可加工性理论让我们看到二语习得的时间性和序列性。在这一点上，和母语习得有所不同。母语习得过程中的习得内容不是依次发生，而是相互交错发生。上一内容习得时，下一习得内容也已开始习得。

可加工性理论提到的语言加工器类似于学能的概念。学能指语言学习能力，是 20 世纪美国语言学家卡罗尔和萨彭提出的概念。但学能又过于强调一种天赋的语言学习能力。因为学能指学习者对语言内容有敏感性，对语言内容的归纳及记忆能力也非常突出。这里说的语言加工器指普通学习者都有的语言学习能力，但这种能力依据个体的差异又有不同表现。可加工性理论从个体的角度来分析二语习得，让我们看到学习心理在二语习得中的作用。

六、互动假设

美国马克兰大学教授迈克尔·龙（Michael Long）在 20 世纪 80 年代提出了互动假设（Interaction Hypothesis）。互动假设要解决的问题是如何把语言输入、学习者的内在能力和输出结合起来。如果要实现这种结合，就要进行有效的意义协商，也就是说，依据说话者和听话者的理解水平，双方对语言形式、语言结构及传达内容进行相应的调整，从而实现相互理解和交流。

互动假设语言输入、互动、反馈和输出的内容。输入的概念源自克拉申的输入假设，输出的概念来自斯温（Swain）的输出假设。龙（Long）认为二语学习需要交际的驱动，互动调整有利于交际的顺利进行。互动可以让交流双方调整信息内容，对语言信息进行重复、证实或阐明请求等,从而解决语言习得中的交际互动问题(Mitchell et al.,2019)。反馈包括内隐反馈和外显反馈。外显反馈包括纠正和元语言解释。内隐反馈包括一些协商策略,比如信息确认、对听话人理解信息的确认和信息重组表达等。

互动理论的观点和涌现论的观点一样,也认为注意力在二语习得中起着重要作用,认为注意力有助于将信息传递到长时记忆(Robinson,2005)。互动理论的观点还认为二语学习者的语言接触量通常都超出他们的加工能力,这就需要学习者学会去筛选重要信息,并将重要信息传递到长时记忆。互动理论也强调输出的重要性,因为只有语言输出时,学习者才会意识到语言错误(Vanpatten & Williams,2015)。

互动理论突出了语言交际在二语习得中的作用。语言习得不仅要有效输入,有能力输出,也要求学习者有能力运用习得的语言完成有意义的交际互动。互动理论突出了语言习得的意义所在,即将习得语言运用到实际的交往会话中。互动理论从心理语言学的角度研究二语习得,强调工作记忆、长时记忆等心理机制的重要性。和其他二语习得理论相比,互动假设凸显了 L2 的交际功能。

七、语言迁移

语言迁移就是一种语言对另一种语言的影响,属于跨语言影响的研究范畴。语言迁移出现于 20 世纪四五十年代。在 20 世纪 80 年代,跨语言影响研究出现,语言迁移被归并为跨语言影响研究下的一个范畴。迁移、干扰、回避使用、借用、语言类型距离、语言心理距离等概念都属于跨语言影响研究的领域(Cenoz et al.,2001)。

语言迁移包括正迁移、负迁移、反迁移。正迁移指两种语言的相似之处促进目的语学习。负迁移指语言干扰,这种干扰源自两种语言在形式和规则系统的不同之处。负迁移的典型例子就是英语中的第三人称单数的变化以及其谓语动词相应变化的问题,比如 She like the book 就是中国的英语学习者在学习初期经常需要克服的问题。对于中国学生来说,中文中的第三人称单数并不需要依据人称变化动词的谓语动词形式,因此在英语学习中,中国学生可能会花数年时间克服第三人称单数的变化问题。在二语习得中,不仅母语会对 L2 产生干扰,正在习得的 L2 也会对母语形成干扰,这就是反迁移。Köpke(2002)运用图片描述、句子生成、语法判断任务在对加拿大和法国的德国移民进行的研究中发现,L2对L1的语音、词汇都容易发生影响,对形态句法的影响相对较弱。

迁移的发生是不可避免的。在L2习得过程中,L2被认为"寄生"于L1,要早日脱离这种"寄生"关系,有效的办法就是使用L2思维,使L2语言知识内化(张辉、卞京,2016)。也有观点认为,如果儿童在习得L2时,身边的同伴的第一语言是母语,这种情况下,L1迁移的发生概率会降低很多(McLaughlin,1978a)。语言环境总是被看作语言习得中不可或缺的因素。

语言的可迁移性主要来自学习者的直觉。学习者会自觉意识到某些标记性特征或某些语言的特殊特征很难迁移,而一些非标记性特征很好迁移(Ortega,2013)。有时,学习者的心理变化也决定了语言迁移的程度。学习者可能会主观地认为一些语言特征比较容易迁移,而另一些则较难迁移。学习者的这种主观感知语言间的差异被称为"心理语言类型距离"(psycho-typological)。与之相对应的是"事实语言类型距离"(actual typological distance),即通过语言学研究手段对音位、形态和谱系进行比较后确定的语言间实际相近程度(倪传斌、张之胤,2011)。如果学习者感知到的心理类型距离小,则较容易产生语言迁移。Ringbom(2007)的研究中,母语为瑞典语的英语学习者比母语为芬兰语的英语学习者更容易习得英语。其中的原因有可能就是语言类型距离。瑞典语和英语同属于印欧语系日耳曼语族(瑞典语属北部语支,英语属于西部语支),而芬兰语属于乌拉尔语系芬兰-乌戈尔语族芬兰语支。语言的相似程度产生了语言学习的正迁移。学习者的这种主观感觉也可以理解为高度发达的元语言意识。元语言意识帮助学习者创建了语言间的通道。

此外,无论是声调语言(比如泰语、台湾话和普通话)还是语调语言(比如英语)都会产生语言迁移。母语为语调语言的学习者在学习声调语言时常常有负迁移发生。流利水平的高低也是影响语言迁移的一个因素。初学者的语言流利水平不高,较容易发生语言迁移现象,而流利水平高的学习者很少发生语言迁移。

从迁移的角度看,语言迁移分为正迁移、负迁移和反迁移。从语言层面上看,语言迁移分为语音迁移、词汇迁移、语义迁移、句法迁移和语篇迁移等。

二语语音习得时,语音负迁移难以避免。前面提到过,母语发音已将发音器官的发音形式定位,神经感知也已塑形。二语语音习得时,二语语音很难回避母语语音的干扰。如果在目的语国家有半年或一年生活经历就可以克服母语语音的负迁移影响。但通常来说,即便二语学习者的语言水平已到高阶程度,如果没有目的语国家的停留经历,他们一样很难克服母语的负迁移影响。

词汇迁移主要有三种形式:纯语码转换、词汇借用、词汇创造。纯语码转换指将一种语言的词汇运用到另一种语言中。词汇借用指学习者不恰当地将母语与目的语拼写相似但意义完全不同的词等同起来使用。词汇创造指从形态和音系层面上将母语词素运用到目的语中(魏亚丽、彭金定,2015)。当寻找目的语词汇失败时,纯语码转换就会发生。词汇借用在二语习得中很常见,尤其是 L2 学习初期,母语与目的语形态相似往往会产生正迁移或负迁移。正迁移可以易化 L2 学习。负迁移发生在两种语言形态相似但实际意义并不相同的情况,负迁移会影响学习者对 L2 词汇的理解和吸收。词汇创造主要发生在印欧语系的语言中,这些语言有相似的起源,词汇拼写有很大的相似性,而且,同源词也较多。但随着熟练程度的加深,这些词汇迁移都可以被克服。

语义迁移主要体现在二语词汇学习、理解和使用方面。语义迁移指学习者对 L2 中有母语对应词的二语词汇理解更加准确,使用更加容易。Sjöholm(1995)对瑞典语的英语学习者以及芬兰语的英语学习者进行研究后发现,芬兰语的英语学习者所选答案的错误率比瑞典语的英语学习者高出 10 个百分点。二者的差异主要出现在瑞典语和英语有相应对应词的选项上,也就是说,瑞典语和英语有更多的直接对应的词汇,而芬兰语和英语之间较少。瑞典语和英语同属于印欧语系日耳曼语族(瑞典语属北部语支,英语属于西部语支),而芬兰语属于乌拉尔语系芬兰 - 乌戈尔语族芬兰语支。该研究表明,两种语言的相似词汇更多,词汇语义更容易习得。此外,L2 学习者也会依据母语界定 L2 词汇的使用边界(姜孟、邹德平,2013)。

句法迁移指两种语言间,相似的句法结构可以从 L1 迁移到 L2 的学习中。中式英语是句法迁移的典型例子。句子的习得并不是按照语法规则将词汇拼接就可以完成,按语法规则拼凑出来的句子并不一定符合目的语的表述习惯,因此句子习得需要按照目的语的认知结构来思考。这对于 L2 学习者来说是语言习得的天花板。

语篇迁移很少被提到。L2 学习者通常认为 L2 的语篇模式和 L1

几乎相同,或者认为思想的表述对于人类来说应该大体相同。所以,只有在语篇迁移的错误被指出来后,学习者才会意识到这种差异的存在(Cenoz et al.,2001)。中国学生在学习 L2 英语写作时,时常使用中文思维来规划语篇结构,也习惯性地将中文的写作手法运用到英文写作中。英语国家人群的思维是直线式的,对思想内容的表达直接简明,而中文写作为螺旋式,在文章的最后才会有豁然开朗的感觉。

二语习得时,先习得的语言总是很容易被用作一种参照或对比,从而才能对 L2 形成一种概念。只要是语言习得,跨语言影响都会发生。也无论是表音还是表意语言,跨语言影响都会存在。在多语习得发展的今天,跨语言影响研究或语言迁移的研究一直在延续。习得语言越多,跨语言影响研究的内容就越丰富。

八、社会文化理论

苏联的发展心理学家维果斯基认为社会互动本身构成了学习。这种思想在 20 世纪 80 年代由二语习得领域著名学者詹姆斯·兰道夫(James Lantolf)及其同事运用到二语学习领域(Mitchell et al.,2019)。该理论强调社会文化因素在人类认知发展中的重要作用,认为社会交际活动在人类心智发展中起重要作用。

社会文化理论提出以下几个重要概念:中介、内化、个人言语、模仿、最近发展区。中介指的是符号手段和工具。社会文化理论将语言看作符号手段,这种符号手段和工具是人类认知的中介,它们可以帮助人类构建知识体系。社会文化理论还认为,认知的发展是个体生理因素和社会文化因素共同作用的结果;语言习得产生的认知变化是通过学习者与他人互动、获得帮助和指导后获得。学习者需要同专家、导师或同龄人进行交流,和他们一起解决问题以及讨论问题,才能将知识内化(Lantolf & Poehner,2014)。对于个人言语,社会文化理论认为二语习得中的确有个体话语的使用。个体话语是语言的内化表现。内化的话语在之后的社会活动中运用,这就表明学习者习得了该语言。社会文化理论中提到的模仿指社会文化的调节内化过程,它不是机械地重复,而是有意识地重复并吸收、内化知识(牛瑞英,2007)。社会文化理论中的"最近发展区"概念来自维果斯基的"最近发展区理论"。维果斯基的研究一直关注儿童的发展潜能。他认为学生的发展有两种水平:现有水平和可能发展水平。现有水平是学生独立解决问题的水平,而可能发展水平是通过学习和教育获得的潜力水平。这二者之间的差异就是最近发展区。维果斯基的理论认为,教师在教学活动中要引导学生完成有一定难度的任务,完成任务后可以过渡到下一发展区,再开发下一潜能。在二语习得中,最近发展区被看作不同语言水平的交流活动中,从低水平向高水平的迈进过程,也包括相同语言水平的交际者之间产生的促进效果。

　　社会文化理论通过社会交际活动的角度看待二语习得过程,让我们看到交际过程中的高级心理活动。社会交际活动在语言习得中的作用不仅体现在二语习得方面,母语习得也充分体现了这方面的有效促进作用。母语习得中,幼儿的母语习得是在与父母或保姆的交流过程中完成,交流帮助幼儿理解了交流语言的意义,在此过程中习得母语。母语习得中,语言成为一种理解意义的工具。二语习得时,母语语言系统已内化。基于母语系统,学习者在 L2 学习中创造出更多理解意义的工具和方法(Mitchell et al., 2019),但社会交往带来的不仅是意义的理解,知识在交流中从理解变为吸收和内化,有了更深层次的意义。因此,可以说,知识信息通过转化满足了学习者的需求。

第四节　影响二语习得的因素

　　二语习得和母语不同。母语习得时,来自个体自身的自我意识还不太强烈,元意识的形成还不完善。外部的影响力主要来自父母或保姆,以及部分身边人群。而二语习得时,个体有了很强的自我意识,认知发展已近成熟或已成熟,来自大脑的意识控制增强。此外,来自外部的影响也增多。对于二语习得过程中的影响因素,Cenoz(2000)将其分为个体和学习环境两大类。个体方面的影响因素包括:个体的智商和学能、认知方式、学习策略、学习态度和动机、个性、年龄。学习环境的影响因素包括:自然习得还是正式习得、民族语言的活力、社会经济地位、教育背景。通常来说,还应包括来自语言本体的影响。因此,对二语习得的影响来自三方面：个体本身、语言本体和周围环境。

　　个体的学能（aptitude）是 L2 学习中比较隐形的因素。它既包括先天因素，也可以后期培养，但主要依靠先天因素。学能可以笼统定义为学习做一件事情的能力，而这种能力是由学习者的内在特质决定的。同在一个教室中学习，有的学生比其他学生学得好，这种很强的语言感知能力就是学能。学能水平高的学习者对语言内容比较敏感，对语言内容的归纳及记忆能力也非常突出。即使学习者并不具备这种先天的能力，在某个环境中的刺激或某种言语也有可能激发学习者的心理变化，从而产生很强的学习动力，使学能获得激发。20 世纪 50 年代，社会心理学家卡罗尔和萨彭（John B. Carroll & Sapon，1957）设计的"现代语言学能测试量表"（Modern Language Aptitude Test，MLAT）体现了语言学能需具备的四个要素：语音编码能力、语法敏感性、语言学习归纳能力和联想记忆的能力。语音编码能力指学习者能辨别不同声音，并且能将声音与指代的符号联系起来。语法敏感性指能够识别字词在句子中的语法功能。语言学习归纳能力是基于语言学习和对规则的了解，学习者有举一反三的能力。记忆能力指区分母语和 L2 的差异，并能有效记忆 L2 的能力（Carroll，1981）。对于有许多同源词的两种语言，区分它们之间的差异对于学习者来说是一个难点。

　　个体的认知方式也会影响 L2 学习。认知方式指个体信息加工过程中表现出来的认知组织和认知功能方面一贯持久的方式。个体的认知方式通常表现在以下几个方面：场依存性与场独立性、分析性与非分析性概念化倾向、对认知域宽窄的选择、对两可与非现实体验的容忍性、复杂认知与简约认知、记忆过程中信息的整合与分化、扫描与聚焦、冒险与保守、解决问题的阻滞与畅通等。基于这些表现，出现了以下的认知方式：场依存型—独立型、聚合型—发散型、整体型—序列型、言语型—表象型等（程正方，2018）。场指的就是环境。有的人在认识事物时，很容易受所看的环境信息影响，而有的人则依赖自己内部线索信息为参照，不容易受外来因素影响和干扰。能独立对事物做出判断，不受环境影响的认知方式被称作场独立性的认知方式。而较多依赖所处环境为参照的认知方式被称作场依存性认知方式。信息加工是对信息的识别、加工和处理。不同的认知方式会影响信息加工效果，比如工作记忆的工作效率以及长时记忆对信息的存储和提取，对大脑的监控功能也有影响。在二语习得中，不同的认知方式可以产生不同的学习效果。

如果说个体本身的机能是天生的,不可控的话,可控的就是一些学习策略和学习方法。学习个体可以依据学习效果及时对学习策略进行调整,这也会对二语习得产生很大的影响。Oxford(1990)对学习策略提出了六种分类:记忆策略、认知策略、补偿策略、元认知策略、情感策略和社交策略。认知策略指分析和推理的策略。补偿策略指猜测词义或对信息进行调整的策略。元认知策略指对学习目标进行设定或自我评估的策略。情感策略指对学习过程中的表现进行自我奖励的策略。社交策略指与同伴合作学习的策略。当然,仅仅运用单一的策略难以应对复杂的语言学习,多种策略的运用能有效影响二语学习效果。

学习个体对二语学习的态度和动机也对二语习得产生很大的影响。通常可以通过学习者对学习的注意力、情绪状况和意志力判定学习态度。学习态度决定了学习的投入程度、学习动机强度和学习效果。学习态度和动机一直贯穿学习始终,并且呈动态变化。克拉申在20世纪70年代末到80年代初提出的监控理论中曾提到"情感过滤假说",即二语学习者会潜意识地通过情感因素来组织对学习内容的吸收。情感在这里也被称为情绪,包括了积极情感(比如自尊、自信和兴趣)和消极情感(比如焦虑、胆怯、紧张和厌恶)。积极的情绪或情感产生积极的学习态度,对学习产生有利的影响,消极情感则相反,不过,产生适当的焦虑情感能对学习产生促进作用。这里需要提到的是,不仅个体的情感会对二语习得产生影响,学习个体的父母或老师对L2的态度也会影响学习者对L2的看法,从而影响二语学习动机和效果。

年龄对二语习得的影响源自关键期假设的说法。通常认为,语言学习最好发生在12岁以前。不过,近年也有研究表明,成年人在二语学习中运用学习策略可以弥补记忆和年龄带来的影响。

语言本体对二语习得的影响在谈到语言迁移时已经谈到,L2的标记性特征、L2与L1的语言类型距离等,这些语言特征都会在心理上对二语学习者产生影响。当然,语言间相似的特征或相近的类型距离会易化二语学习,但标记性特征需要频繁练习才能克服。

环境因素包括宏观环境、微观环境。微观环境又包括学习环境和生活环境。宏观环境指母语国家的语言政策等。L2学习主要在课堂环境中老师指导下完成。课堂规模的大小、教师的教学方法、教学手段、教材大纲的设计、使用的语言材料都会对二语学习产生影响。除校内环境外,校外环境对L2学习者的影响也不可忽视。校外环境包括可提供目的语材料的环境(比如图书馆、书店、网络等)和周围人群环境。目的语语言的接触(比如音频和视频)频率会影响二语学习效果。英语作为 L2 学习就是最好的例子。由于英语音频和视频材料在书店及网络上的易获得性,让英语成为儿童和青少年"偏爱"的第二语言。学习材料的可获得性以及学习环境对 L2 的支持程度都有可能影响学习者对 L2 学习的态度。周围人群环境包括学习者的社会社区和家庭环境。家庭成员使用目的语的可能性或对目的语的支持或抗拒情绪都有可能影响 L2 学习的效果。有的家庭中的交流语言会涉及目的语的使用,这对二语学习起到了极大的推动作用。在有的家庭环境中,父母并不能意识到英语作为 L2 的用途,或者当地生活并没有太多可运用目的语的机会。此时,家庭环境对目的语的消极态度会对二语学习产生不利影响。教师对目的语学习的理解以及对目的语国家的了解都会在很大程度上影响学习者的学习态度和动机。

宏观环境的影响也不容忽视。宏观环境指一个国家所采用的教育政策、教育发展方向、国家发展政策等都会对个体的二语学习产生影响。比如,如果一个国家比较注重国际发展,或比较重视周边关系,英语作为 L2 的学习就会被放到一个很重要的位置。学习者所处教育体系中对语言学习的安排和重视程度也会对二语学习产生影响。

二语学习像是母语习得的延伸物,通过"寄生"母语而逐渐"脱胎换骨",最终形成另一种语言体系。在这个过程中,学习者掌握了母语习得中所不具备的经验和能力,为可能发生的三语习得或多语习得奠定了稳定的基础。因此,一些研究认为,多语习得实际上是另一个二语习得。

第四章 三语习得或多语习得

在目前的研究中,三语习得也被称为多语习得。这些研究认为,在 L3 习得之后,无论再习得 L4 还是 L5,它们的习得方式和策略等都基本相同。二语习得时,学习者第一次接触外语习得,在学习策略、态度动机上都做出了调整和适应。二语习得之后,在习得其他外语时,学习者运用的习得方法和策略、学习动机等已与二语习得大致相同。因此,L3 习得和多语习得常常在研究中互换使用。有的研究将 L2 及之后习得的外语都称作 L2 习得或外语习得(Fletcher & MacWhinney,1995),持有这种划分法的研究者认为,L2 及之后习得的语言对于母语者来说都是外语,而且语言习得方式大致相同。尽管如何划分还无定论,本书支持将第三语言习得和多语习得互换使用的观点。

从目前的国际环境来看,由于国际交往的日益密切以及国与国之间移民数量的增加,L3 习得已开始变得普遍。L3 习得不仅方便了国际往来,也增添了语言的多样性,丰富了各国的文化内容。随着这种趋势的发展,三语习得研究必将拓展出比二语习得更广阔的空间,让研究者看到更多的语言普遍性特征或特殊性,从中受益的不仅是教育者,还有政策制定者、学生以及从事二语习得研究的人们。

多语现象的出现为研究带来一个问题。有的多语者出生时就接触两种语言或三种语言,在这种情况下,如何界定母语呢?目前的研究界定通常有以下几种标准:出生地、语言流利水平、自我认同、内部认同、外部认同或使用频率(Cenoze, Hufeisen & Jessner, 2001)。对于多语同时习得问题,本书不进行讨论。本书依旧仅关注依次习得语言的问题。

第一节　二语习得与三语习得

如前所述,有的研究认为 L2 习得与 L3 习得的习得与输出方式基本相同,L2 之后的所有语言习得都被称为二语习得。依据 Singh 和 Carroll(1979)的观点,"学习第三语言无非就是学习另外一个第二语言。"而另一种观点认为,L3 学习比 L2 学习容易,因为学习者在二语习得时积累了一定的学习经验,对外语习得的方式和方法有了基本了解,在 L3 习得时,仅仅是增加词汇、标记性语法内容而已。

目前大部分研究倾向于将二者分开来看。从跨语言影响的角度来看,二语习得的语言干扰只有 L1,而三语习得时的语言干扰可能来自 L1 也有可能来自 L2。三语习得的正迁移、负迁移或反迁移涉及之前习得的 L1、L2。三者交互作用的关系网络比二语习得时复杂得多。

从认知心理角度来看,三语习得时,学习个体的外语学习经验和认识都更加全面,元语言意识更强。此外,三语学习者对 L3 习得的价值和影响有了更深入的看法,对"语言市场"中语言的价值有了更加明确的认识,他们会很容易意识到语言学习可转换为经济价值或社会价值(Lamarre & Dagenais,2004)。随着语言习得熟练程度的增加,三语学习者的心理变化也加大。多语习得系统应放到整个心理语言系统中来看待(Henry,2012)。简单地将 L3 习得研究看作 L2 研究的延伸或双语研究的延伸失之偏颇(Cenoz et al.,2001)。

也有观点认为三语习得要比二语习得更难。三种语言使用时编码的选择与转换、三语语言间的正负迁移,以及语用时针对不同目的语采用的交流策略等都是三语习得时面临的挑战。

如果 L3 习得与 L2 习得有所差异,那么两种语言系统是分离存在的吗?由于已习得的语言会对正在习得的语言产生干扰,从这一点看,二者就不可能分离存在。习得的各语言系统相互依存,语言系统的稳定还依靠这种依存关系来维持。一种语言的发展程度依赖于另一语言系统的发展程度,一个语言系统的磨蚀也有可能对另一语言系统产生不利影响。如果某一语言学习中断,这可能会使这个三语的网络变得复杂,有可能出现 L1>L2>L3>L2 的情况(Cenoz,2000)。当然,随着 L3 语言流利性的提高,L3 语言系统有可能逐渐脱离 L1 和 L2 语言系统。

基于上述讨论不难发现,二语习得时,L2 和 L1 构建的只是直线关系,L3 的加入使得三种语言系统形成了三角关系,影响因素也随之增多。但之前习得的语言对 L3 学习也有易化作用,尤其是语言中的非标记性特征以及相似点会让 L3 习得变得更加容易。

第二节 三语界定

提到三语习得，首先要对"三语"进行界定。本书使用的三语是第三语言（即 L3），并不是三种语言。英语表述使用 Third language，用于指第三种习得的语言，而 Third language acquisition（TLA）指第三种语言习得过程（Herdina & Jessner, 2000）。此外，三语研究中也有一些术语用于指同时习得的三种语言，比如 multiple language。这个表述不强调语言习得的先后顺序。Multilingual 指懂多种语言的人，并不表示"多种语言的"含义。Multilingualism 指社会中出现的语言现象，因此在社会学研究中比较多见。Multilingualism 也用于描述第三语言习得的过程和结果（Hoffmann & Ytsma, 2004）。在多语研究领域还常见另一个词 Plurilingualism，用于指一个人使用多种语言的能力。这个词最初出现在欧洲委员会（the Council of Europe）的文件中（Henry, 2012）。还有一个常见的词是 Trilingualism，这个词用于指三种语言的使用，更加强调语言的使用过程。对于上述词汇的区分可参看图 4-1：

GENERAL			INDIVIDUAL
Product	*Process*		
Multilingual acquisition	Multilingualism	+	*Multilinguality*
Third language acquisition	Trilingualism	+	*Trilinguality*
Fourth language acquisition	Quadrilingualism	+	*Quadrilinguality*

Source: Adapted from Cenoz, 2000: 39

图 4-1 三语词汇的区分

在界定 L3 时可能会遇到多个 L2 的现象，此时如何区分 L2 和 L3 呢？比如，有的三语学习者的母语是英语，德语是主要的 L2，法语和意大利语是"额外的"L2，而目前正在学习的瑞典语才被确认为 L3。由于德语、法语和意大利语是几乎同一时间同时习得，因此都被看作 L2。在这种情况下，瑞典语就是 L3。当然，也有可能同时习得几门 L3 语言的情况。欧盟 2000 年通过的《欧盟基本权利宪章》中指出，三语指除母语和已掌握的第二语言之外，目前正在学习的一种或多种语言（Fouser，1995）。

三语习得现象在我国也很普遍，主要分为汉族的三语习得和少数民族的三语习得。对于汉族学生来说，又分为两种情况：说汉语的汉族和说方言的汉族。对于说汉语的汉族来说，当地方言（即汉语）与普通话相通，则被看作母语为汉语的学生。对于这些学生来说，义务教育学习英语，大学教育中接受的也是语言专业教育，那么英语就是这类学生的 L2，大学语言专业教育中的第二外语则是 L3。汉族学生的另一类情况是说方言的汉族学生。中国有 7 大方言，依据语言学的"可理解性"来看，这些方言与普通话在口语上并无"可理解性"，但在文字上，这些方言与普通话共享汉字体系。因此，无论是说汉语的汉族还是说方言的汉族，所有汉族学生的母语都应看作汉语。

对于少数民族学生来说，出生家庭多为双语家庭（父母亲一方为汉族，另一方为少数民族）。父母一方使用的汉语虽为当地方言，但与普通话可以沟通交流，因此，也被看作汉语。这些学生的生活社区用语为少数民族语言。因此，对这些学生来说，少数民族语言多为母语。小学教育中的普通话学习为 L2 学习。在初中，英语成为必学科目，英语成为他们的 L3。当然也有例外，有的学生在家庭中同时习得当地方言（即汉语）和少数民族语言，在学校正式学习普通话，之后是英语。对于这些学生而言，如果按照语言习得顺序划分，汉语和少数民族语言是 L1，英语是 L2。如果在大学教育中，他们学习的是语言专业，则另一门外语是 L3。因此，中国学生的三语习得可分为以下几类（表 4-1）：

表 4-1　中国学生的 L3 学习分类

汉族学生的 L3	汉语为 L1	L1 汉语 >L2 英语 >L3 另一门外语
少数民族学生的 L3	汉语与少数民族语言为 L1	L1 汉语 + 少数民族语言 >L2 英语 >L3 另一门外语
	少数民族语言为 L1	L1 少数民族语言 >L2 汉语 >L3 英语

不同国家在历史长河中的发展过程也是语言融合的过程。而今又遇到全球化的浪潮，这个语言融合的过程更会加速发展。三语习得或多语习得和国际化发展一样，是一种全球发展趋势。

第三节　三语习得

最初对于语言的研究始于20世纪初，人们主要关注语言的普遍性特征，研究领域也主要是语言哲学。之后的研究转向关注个体的语言行为，包括语言学习心理和行为。当社会学和人类科学开始兴起时，研究者的注意力开始转向双语（Hoffmann & Ytsma，2004）。国外三语习得研究始于20世纪80年代末，90年代发展迅速，进入21世纪时，研究已逐渐成熟（李增根，2016）。多语研究通常在应用语言学和人类语言学领域多一些，近年来在心理语言学方面的研究也日益增多。

三语现象在越来越多的国家已成为一种趋势。由于欧美国家移民众多，因此三语习得在欧洲和美洲更为常见，对三语习得教育的政策也制定得较早。欧盟曾为了确保多语成为欧洲的基本特征，于1995年提出要求成员国公民都要掌握三种语言，这三种语言为母语、一种具有较高国际地位的外语（不一定是英语）和一种邻国语言（李珂，2010）。此外，2000年，欧盟启动的"里斯本战略"中，将语言技能看作经济资产，并提出一系列语言目标措施，统称为"1加2"（1 plus 2）模式。在对欧盟6个成员国的调查中发现，大部分受访的青少年（14到16岁）都学习两门外语，并且英语是最常见的第一门外语。

在欧洲国家，青少年多数都在中学学习两门外语，比如在比利时和荷兰（Hoffmann，1999）。在瑞典，政府于2010年提出多学外语的奖励措施，比如，如果学生初中学习L3，且拿到及格分，那在高中时，学生就可以得到额外的学分。学生的年级平均分（grade point average，GPA）也会同时增加。瑞典在1994年便开始制定了一系列外语教育政策。依据这些政策，瑞典有三分之一的学生从一年级起便开始学习英语，六年级时有70%的学生选择学习第二外语。部分学生会在义务教育的最后一年（9年级）学习第三门外语（Cabau-Lampa，2005）。因此，在高中毕业时，大部分学生的英语、法语、德语或西班牙语都能拿到及格分

(Henry, 2012)。

　　欧洲的三语习得现象很常见的另一个原因是很多国际组织在欧洲都有驻地。北大西洋公约组织(NATO)、欧盟(the European Union)、联合国(UN)在欧洲都有其办事处。这些国际组织的工作人员将其母语也带到了欧洲,丰富了当地的语言文化。

　　联合国教科文组织的《世界文化多样性宣言》第5条和第6条也鼓励保护语言多样性,鼓励在尊重母语的情况下,在教育的各个层面尽可能多地使用语言并鼓励语言多样化。只要有可能,鼓励从早期就培养多语学习能力(Ge Wang et al., 2022)。

　　三语或多语习得已成为各国不可避免的发展趋势。在此发展趋势中,英语在二语习得或三语习得中一直都很容易被人们接受和认可。英语在殖民历史上就为政治、贸易、经济带来了便利,现今也呈现出它特有的沟通优势。在英式英语、美式英语、欧式英语中,美式英语又独具优势。这离不开美国电影电视的蓬勃发展,也离不开美军在多国长期驻军的影响。

　　在欧洲,英语作为L3分以下几种情况。第一种是母语为当地多数人所说的语言,在学校学习少数种族所说的语言作为L2,英语作为L3。比如西班牙人在学校将巴斯克语或加泰罗尼亚语作为L2,英语为L3;荷兰人在学校将弗里斯兰语作为L2,英语作为L3。第二种是除母语外,将广泛使用的欧洲语言作为L2,英语作为L3。比如比利时的荷兰人将法语作为L2,而英语作为L3;芬兰华沙说瑞典语的公民将芬兰语作为L2,而英语作为L3。第三种是非欧洲国家的移民将移民国家的官方语言作为L2,英语为L3,比如移民到德国或荷兰的土耳其人。第四种是欧洲人学习另一个欧洲国家的语言,英语成为L3。比如意大利人将法语作为L2,英语作为L3,或者将德语作为L2,英语作为L3(Hoffmann, 1999)。

　　在欧洲、美洲和加拿大的三语研究中,多数研究关注的主要是印欧语系语言,比如法语、德语、英语。不过,近年来印欧语系以外语言的三语研究逐渐增多,比如西班牙地区巴斯克语研究。巴斯克语又称为欧斯卡拉语(Euskara),目前语系归属未定。但欧洲学生的L3基本上都与学生的母语属于同一语系。我国少数民族地区的情况与之有所不同。我国少数民族学生的母语多为汉藏语系语言,比如汉藏语系－苗瑶语族－苗语支和瑶语支、汉藏语系－壮侗语族－壮傣语支、黎语支、侗水语支(比如侗语、仡佬语)、汉藏语系 – 藏缅语族 – 藏语支、缅语支(比如阿昌语)、羌语支、景颇语支。也有的民族语言属于南亚语系,比如南亚语系 – 孟高棉语族 – 东孟高棉语支(比如佤语、布朗语)还有的民族语言分支还暂不明确,比如白族语。这些母语与 L3 英语属于不同语系,且书写形式也非常不同。目前,中国少数民族的三语研究也是一个研究方向。

三语习得的研究开始于 20 世纪 80 年代。1987 年,Ringbom 出版了《第一语言在外语学习中的作用》,书中分析了学习者的母语和 L2 对习得 L3 的影响,该书被看作三语习得研究的正式开始(范临燕,2019)。目前的三语习得研究涵盖印欧语系语言(比如英语、荷兰语、法语、德语、意大利语、西班牙语和瑞典语),也涉及非印欧语系语言(比如巴斯克语、中文、芬兰语、朝鲜语和日语)(Cenoze, Hufeisen & Jessner, 2001),可以说,研究范围已经很广泛。

无论是哪一种语系语言的习得,目前的研究认为三语习得有九个特征:复杂性、关联性、波动性、不一致性、多功能性、功能不平等性、自我平衡、自我拓展、不可复制性。不一致性指各语言的掌握程度不一,比如英语可能掌握得很熟练,但德语或西班牙语则水平一般。多功能性指 L3 不仅有口语功能、书写功能,也有创作、娱乐、表演、演说等功能。自我平衡指一种语言的发展会导致另一种语言磨蚀,在这种情况下,语言系统一直波动,实现自我平衡。自我拓展指语言知识、语用能力的拓展。通常,人们认为这是常识而已(Hoffmann & Ytsma, 2004)。三语习得的这些特征并非独立存在,而是相互交织,彼此关联。

一、三语习得中的跨语言影响

如前所述,习得 L3 时有可能遭遇来自 L1 和 L2 的影响,而且这种影响有正迁移、负迁移或反迁移。L1 对 L3 的语言迁移主要体现在语音方面。和二语习得一样,只有在目的语国家待过一段时间的学习者,其 L3 语音才有可能接近母语者的发音,并且很难再发生转变。和前面所述一样,语音发音涉及发音器官的肌肉运动方式的再塑过程。多年的母语发音已使发音器官自动化运作,后续习得的语音很难改变这种发音模式。几乎所有的 L3 学习者都会产生 L1 语音迁移的情况,即便是具有高阶语言水平的学习者也不可避免,这一点和二语习得相似。

L1作为外部工具语言,对L3的会话语篇及语用功能也会产生迁移。在L3写作中,L1会对语篇写作产生影响,但学习者对语篇写作的影响感知不太明显,只有在错误被指出后,学习者才会意识到(Cenoz,2001)。L1对之后习得的语言产生影响是难以避免的,毕竟对学习者来说,最初习得母语的模式很难改变。在还未完全习得一门外语之前,L1一直是外语学习的"语言外援"。

　　在L3习得时必然会遇到一些标记性特征的习得,在这种情况下,学习者会借用L1或L2中有用的信息来易化这种标记性特征的习得。在Flynn及其同事的研究中,L1为哈萨克语(属阿尔泰语系突厥语族)、L2为俄语(属印欧语系斯拉夫语族)及L3为英语(属印欧语系日耳曼语族)的受试表现出了L1对L3的形式句法特征和语言功能的迁移。

　　在三语习得中,interlanguage不再被看作"中介语"的概念,而是"中间语",即介于L1和L3之间的L2。Cenoz及其同事(2001)将中间语迁移分为两种类型:中间语词汇迁移和中间语形态迁移。中间语词汇迁移指目的语输出时使用中间语词汇,而不是目的语词汇。中间语形态迁移指语言输出时,一个中间语的自由语素或附着语素与目的语的自由语素或附着语素结合使用,形成一个近似目的语的词汇。中间语形态迁移常发生在同语系或同语族语言中。中间语词汇迁移似乎使L3习得变得更加容易,当词汇选择遇到困难时,L3学习者常常将L2词汇运用的L3的句法表达中。这种迁移也被称为"词汇替换"(relexification)。词汇替换时,句子结构保持不变,提取困难的L3词汇被L2或L1词汇替换。词汇替换在二语习得的洋泾浜语和克里奥尔语中较为常见。词汇迁移常发生于语言流利水平较低时期,随着语言流利水平的提高,词汇迁移会逐渐消失(Bouvy,2000)。

　　有趣的是,对中间语(即L2)的研究中发现,中间语对L3的影响多于L1对L3的影响。在早期的L3输出中,介词、冠词和连词都主要来自L2,即便两种语言的语音相似性很低也不可避免(Williams & Hammarberg,1998)。说到相似性,两种语言如果有很多相似的同源词,L2很容易向L3产生词汇迁移。

　　三语习得中句子结构的迁移主要来自L1,这和语音迁移有相似之处。L3学习者多年使用L1,对L1句子结构的表达可以不假思索地出口成章。如果L3句子结构有标记性特征(即与母语或L2不同的句子结构),L3学习者往往需要花时间记忆和吸收。句子迁移不受语言语系或语族的限制,比如我国的英语学习者在学习英语句子表达时常常不可避免地使用中文句子结构。而词汇迁移通常发生在同一语系或语族之间。

除语言层面的影响外,还有一些其他因素也会对L3学习产生影响,比如,新近接触的语言会很容易迁移到L3学习中,这被称为近因(recency)假设。新近接触较为频繁的语言很容易成为L3词汇信息的来源(Dewaele,1998)。在Williams和Hammarberg(1998)的研究中,被试的L1为英语,L2为德语、法语和意大利语,L3为瑞典语。在表达L3时,被试常常会借用德语词汇,而不是英语词汇,虽然L2德语和L1英语与瑞典语的相似程度都很高。研究者的解释为:德语在语言类型、流利性和新近使用频率方面都比法语和意大利语高,因此被试在表达L3时选择德语作为支撑语言。

除此以外,学习者对语言距离的感知(即心理语言类型距离)也会对L3学习产生影响。同是印欧语系的语言,语言之间的相似性就很容易让学习者借用这种相似性提升学习效果。但有的研究也有不同的观点。"二语状态因素"模型(The L2 Status Factor)(Bardel and Falk,2007)认为最后学习的语言是决定语言迁移的影响因素。这个模型认为上一种习得语言的经验和学习成分会迁移到下一种语言学习中。Bardel和Falk(2007)认为,上一种语言的句式特征会影响随后学习的语言。

除上述跨语言影响因素外,还有很多因素都有可能影响L3习得。总的说来,虽然L3学习的受影响因素比L2更多,但学习者们都认为L3学习要比L2习得更加容易,多语者在语言差异性感知、元语言意识、多种学习策略使用方面都表现出了语言学习优势(Cenoz & Jessner,2000),这些优势能使他们快速适应更多语言的学习过程。

二、三语习得模型

和其他语言得模型一样,研究者们依据各种语言现象提出了不同的多语习得模型。这些模型描述了多语习得中发生的多种可能性,让我们对多语习得有了更深刻的了解。

Herdina和Jessner(2002)依据气象学、物理学、生物学和数学等多学科研究的结果,提出"多语的动态发展模型"(Dynamic Model for

Multilingualism，DMM）。该模型提出语言发展有以下特征：非线性发展性、可逆性（reversibility）、稳定性、相互依赖性、复杂性、质量可变性。依据该模型的观点，语言发展初期有停滞期，然后进入快速发展期，最后进入缓慢发展阶段。由于语言习得可能受到社会、个体本身或语言等各种因素的影响，这个过程不可能呈线性发展。社会发展方向、语言政策的制定、个体的生理变化和时间安排、个体的学能和生活体验等都有可能导致多语习得的动态发展。应该说，波动是这个过程中的一种常态。可逆性指语言磨蚀的可能性。从心理语言学的角度看，如果学习者没有投入足够的时间和精力保持或更新语言，L3知识便会消退（Herdina & Jessner，2001）。多语与二语不同，二语的使用概率通常比三语或多语更多一些。如果多语接触频率不够高，多语者又不能投入时间保持语言水平，语言磨蚀就会发生。DMM给出的建议是激活显性知识（explicit knowledge），即课本知识或新闻知识。也就是说，通过日常阅读新闻或目的语短文可以弥补多语磨蚀。DMM认为语言能力、自尊和焦虑水平都会影响语言发展或语言磨蚀。此外，即便语言使用频率会导致产生不同的语言磨蚀程度，L3语言系统也会有其稳定性，只要学习者投入时间和精力保持语言能力，系统的稳定性就能够保持。稳定性的保持由以下因素决定：语言习得数量、习得年龄、流利水平和语言系统的保持时间。

　　DMM从学习者的角度来讨论多语习得的问题。DMM也提到M因素（M-factor）是区分多语系统和单语系统所在。M因素包括三方面：语言习得技能、语言管理技能、语言保持技能。这些技能可以提升多语意识。DMM也认为多语习得也需要语言监控器。增强的多语监控器（enhanced multilingual monitor，EMM）在翻译和交流中起到监控作用。个体的认知能力决定了多语监控器的工作效率。从母语、二语到三语习得，语言监控器的存在是必然的。没有语言监控器或语言监控器失灵，个体的语言表达就容易发生失误。只要有语言输入和输出的发生，语言监控器就在工作。DMM在解释语言监控器时，以认知功能受损的被试为例，说明语言管理技能的低下导致语言能力的降低。而语言管理中就涉及增强的语言监控器如何作用的问题。

　　另一关于多语习得的模型是Flynn及其同事提出的"积累提高模型"（the Cumulative-Enhancement Model，CEM）。该模型的基本假设是语言的学习过程是积累的过程，积累的语言知识会提高后续语言的学习（Berkes & Flynn,2012）。该模型主要关注多语学习者的目的语语法构建问题。Flynn 及其同事（2004）率先进行了 L3 的起始状态研究，研究结果证明 L1 并不是唯一向 L3 迁移的来源。因此，他们认为，"学习者的 L1 在后续语言的学习中并没有绝对优势。"基于该理论的说法，之前习得的任何语言都会在之后的语言学习中被利用（Amaro et al., 2012）。

前面提到过的"二语状态因素"模型（The L2 Status Factor）（Bardel and Falk,2007）与"积累提高模型"的观点不太相同。"二语状态因素"模型认为最后学习的语言是决定语言迁移的影响因素，上一种习得语言的经验和学习内容会迁移到下一种语言学习中，有利于后一种语言的学习。

Rothman（2010,2011）也提出"类型主导模型"（the Typological Primacy Model, TPM）合并了以上两种模型的观点。该模型的假设认为，语言迁移可能来自之前习得的任何一种语言系统（L1 或者 L2），语言的相似性或在学习者认为的心理语言相似性决定了选择何种语言进行迁移。多语的迁移需要对之前习得的各种语言进行选择，最后决定迁移来源。Rothman（2011）提出，多语学习者心智中有一个内在的分析程序（the internal parser），这个分析程序在 L3 习得初期对语言间的异同进行评估，选出能易化目前语言学习的语言进行迁移。Rothman（2011）在实验中对比母语为意大利语 L2 为英语 L3 为西班牙语的学习者和母语为英语 L2 为西班牙语 L3 为葡萄牙语的学习者的语言迁移情况，研究发现语言的相似性才是语言迁移的前提条件。

对于语言习得的影响因素，"因素模型"（The Factor Model）描述了习得四种语言的四个语言习得起始阶段，并提出有一些因素在多语习得中影响着习得过程（Rothman & Cabrelli,2007）。这些因素有：神经生理因素、学习者的外部因素、情感因素、认知因素、语言因素。神经生理因素指语言习得能力、年龄等。学习者的外部因素指学习环境、语言输入类型、语言输入数量、L1 习得习惯等。情感因素指动机、焦虑、自我评估、对语言距离的感知、学习态度等。认知因素包括语言意识、元语言意识、学习策略、个体的学习体验等。语言因素包括来自第一语言和第二语言的影响。当然，由于学习者的个体差异，每个人面对的影响因素各不相同。

以上模型多为语言习得或学习模型，在学习 L3 时，学习者会建立自己的 L3 语言体系。这个体系是如何建立的呢？Meibner（2004）的多语加工模型（the Multilingual Processing Model）对此进行了解释。该模型假设三语者在学习目的语时会产生"假设语法"帮助其建立 L3 语言体系。学习者会在学习 L3 过程中不断调整"假设语法"，直至符合目的语语法标准为止。该模型认为接受语言知识分四个阶段。第一阶段是通过对目的语的输入进行归纳和系统化，形成假设语法；第二阶段时，假设语法在目的语者之前习得的语言间不断验证，逐步靠近目的语；第三阶段中，多语系统被建立，迁移开始发生；交流策略、学习策略、加工程序、认知原则、学习经验等开始迁移；第四阶段时，目的语的学习经验作为元认知策略开始进行存储（Jessner，2008）。

对于 L3 输出模型，Green 在二语习得中提出的"激活或抑制模型"（the Activation/Inhibition Model）被运用到三语习得研究中。该模型的假设源自双语失语症患者的语言表达研究。该模型认为，双语者头脑中的语言选择并不像开关一样那么简单。语言的选择由激活水平来决定（Ulrike Jessner，2008）。当选择一种语言发声时，语言任务会依据语言标签在词元水平抑制潜在的竞争语言，并有一个负责监督的注意力系统监督该语言发声（Jessner，2008）。Green 认为，头脑中的语言有三种状态：被选择、被激活、休眠。被选择，意味着这种语言将用来发声。被激活，意味着这种语言仅参与了语言加工。休眠，意味着这种语言不参与任何语言互动，只存储于长时记忆中（Ulrike Jessner，2008）。对于语言输出时非目的语是否被激活的问题有两种观点：抑制说和同时激活说。对双语者的神经影像研究及词汇判断任务研究的结果都表明，双语者在进行双语切换时，被试的非目的语并没有被激活。同时激活说认为，非目的语也会被激活，并且会对目的语的输出产生影响。目的语和非目的语是平行激活状态。目前的研究倾向于同时激活说（详见毛一凡，2021），即非目的语会被自动激活，然后才被决定是否为输出语言。

Green（1986）认为，每种语言都有一个完整的语言系统，两种语言有两个系统，三种语言有三个语言系统，以此类推。对于语言表达出现问题，Green 认为这是语言系统在控制上出了问题。在口语翻译任务中的语言转换，Green 认为有一个指示器（specifier）存在，这个指示器会依据任务指出任务类型。对于 Green 提出的每种语言都有完整语言系统的说法也受到了挑战，人们并不认可每种语言都保持完整独立系统的说法，每种语言系统都应该是相互交织的。

与 Green 的抑制假设不同，De Bot（1992）提出的"多语产出模型"（the Multilingual Production Model）认为：选择某种语言输出是来自竞争的结果；语言选择错误并不是各种语言都处于备选状态，而是有的语言由于经常被使用而处于激活状态所导致；语音上相似的两种词汇会被同时激活。De Bot 的"多语产出模型"认为言语由四个信息加工空间通过几个连续步骤完成。四个信息加工空间为：知识存储器、概念生成器、句法生成器、发音器。知识存储器包含了世界知识和互动情境知识。概念生成器负责把交流意图变为语前信息，为进入句法生成器加工做好准备。在这个阶段，多语者已经基本确定与相应概念相对应的词汇。在句法生成器阶段，概念生成器的信息会被输送到词库中进行语法编码和音系编码，从而生成句子的表层结构。音系编码会利用表层结构产生语音计划，并发送到发音器。De Bot 认为所有语言有一个大的词库，各种语言可以分别激活。关于如何在多种语言中选择目标语的问题，De Bot 认为，决定因素包括语言距离、流利水平、新近使用情况和目的语的地位，评分最高的语言会在众多语言的竞争中脱颖而出，输出言语。

和竞争与抑制的语言选择模式不同的是 Grosjean 的语言连续体模型。Grosjean（1992，2001）将语言的存储看作连续体的形式，一头是"或"的选择模式，另一头是"与"的模式。在"或"的模式一头，三语者只用一种语言交流，母语或另一种熟知的语言。另一头是三语模式，三语者和其他也懂这些语言的人用两种或三种语言交流，这些语言都处于激活状态，混合产生（Dewaele，2001）。Dewaele（2001）的实验证实了 Grosjean 的语言连续体的真实性。在 Dewaele 的研究中，荷兰语为母语英语为 L3 或 L2 的被试在非正式情境中接近语言连续体多语的一端，而在正式情境中，他们的言语表达更加谨慎，更接近语言连续体单语的一端。对于语言错误的产生，Grosjean 的解释是语言资源不足。语言资源就像燃料，燃料不足，工作就松懈，从而导致错误的产生。Grosjean 的语言连续体模型源自二语语言连续体模型，假设的提出来源于对健康成年人、儿童以及对失语症病人的研究。这个连续体概念受到很多学者的认可，并认为可以应用到三语的言语产生模式中。Grosjean（2001）认为，语言模式的建立主要看个人的语言混合习惯、常用的互动模式、情境正式与否、信息的表达或听取模式、参与交流人群的社会经济地位等。

上述三语或多语习得模型大多来自二语习得模型。从中也可以看出两种语言习得模型大致基本相似。无论习得语言的数量如何，语言的输入和输出都受到任务情境、语言资源、语言的激活程度等因素的影响。L3 的增加看似增加了选择的难度，但只要 L3 足够流利或者激活程度够高，L3 的提取就会很容易，也有可能比 L2 更容易提取。

第五章 语言磨蚀

如前所述，无论习得的语言是母语，抑或二语或三语，如果个体不能投入时间和精力进行练习，这些语言都有可能产生磨蚀（attrition）现象。语言磨蚀意味着语言的处理、存储和输出能力都有消退情况发生。可以说，语言磨蚀是语言学习者需要面对的一个挑战。

语言磨蚀研究正式得到确认是在 1980 年。当时在宾夕法尼亚大学的一个学术会议上，研究者们提出各种有关当代语言磨蚀的问题，其中包括儿童和成年人的语言丧失问题；一语和二语的语言能力丧失问题以及一些病理学方面的研究问题。此次会议之后，"语言技能磨蚀项目"启动（Ginsberg, 1986）。该项目从阿拉伯语、中文和日语人群中各选 200 名被试，在两个时间点间对语言磨蚀以及学习态度和动机进行研究。在同一时期，1982 年，欧洲也展开了语言磨蚀研究项目。荷兰纳米根大学从病理学角度对个体的一语和二语磨蚀进行个案研究，研究人群涉及荷兰人、以色列人、瑞典人和德国人（Els van, 1986）。这些研究都标志着语言磨蚀研究正式进入研究领域。

目前的语言磨蚀研究不仅包括母语在二语环境的磨蚀、二语在一语环境的磨蚀，也包括一语在一语环境中的磨蚀（比如方言消退）和年迈二语者在二语环境中的二语消退研究。语言磨蚀研究已发展多年，研究语言已覆盖欧美和亚洲语言，研究领域已不仅限于病理学的失语症或痴呆研究，还涉及心理学或语言学等多个领域。各个领域的理论模型、研究方法都相互借助解释这一语言现象。但依旧有一些问题没有解答，有的研究结果不一致，这些都还有待进一步深入研究。

第一节 语言磨蚀的概念

语言磨蚀意味着语言能力的消退。这种消退并不是个体有意识为之，而是一种隐性发生的过程。当学习个体意识到的时候，语言能力已经有所降低，而且，即便是已完全掌握并能熟练运用的母语也不例外。了解语言磨蚀的发生模式是语言习得中不可缺少的一个内容。

"语言磨蚀"概念由 Lambert 和 Freed 最先引入研究领域,这个概念激发了大量对于二语语言磨蚀的实证研究。语言磨蚀被定义为非病理性原因导致的既往习得语言输出能力下降(Köpke & Schmid,2004)。这种语言输出能力下降被认为是语言表达不再复杂化、无标记特征增多,以简化、概括化、平常化的语言表述为主要特征(Monika S. Schmid & Barbara Köpke,2013)。语言磨蚀不仅体现在言语输出中,语言理解也会产生语言磨蚀。语言系统的基本知识没有发生改变,但理解和表述能力下降了。

除语言磨蚀这一术语外,涉及语言能力水平下降的词还有语言丧失(language loss)、语言退化(language regression)。语言丧失是指人们常用的词汇、语言或言语能力的逐渐衰退。这可以用以指个体也可以指群体,也可以指社会现象。语言退化指之前正常发展的语言能力衰退,常用于医学方面,用于指孤独症或大脑退变性疾病导致产生的语言能力丧失(Schmid & Mehotcheva,2012)。

有的研究对二语磨蚀(L2 attrition)和外语磨蚀(Foreign language attrition,简称 FL attrition)也进行了区分。在这个划分中,L2 磨蚀被认为是自然习得语言的磨蚀,而 FL 磨蚀是在学校习得语言的磨蚀。但在大多数研究中 L2 磨蚀依旧被看作外语磨蚀。

在提到语言磨蚀的时候,也很容易想到另一个相似的词:石化(fossilization)。石化的概念是 Selinker 于 1972 年提出。语言石化意味着无论怎样接触目的语,语言水平总是无法获得提升。相比石化而言,语言磨蚀是语言习得中更常见的一种语言水平降低现象。

第二节 语言磨蚀的研究对象

语言磨蚀作为二语习得的一个分支,研究历史相对较短,研究领域多为应用语言学研究,一部分是心理学或心理语言学方面的研究(Ecke,2004)。在此之前,语言磨蚀属于病理学研究,研究对象为失语症患者和痴呆症患者(Alharthi & Fraidan,2016)。

目前研究中,产生 L1 或母语磨蚀的人群包括以下几类:第一种是移民群体,比如移民到欧洲的第一代以及他们的下一代产生的母语磨蚀。第二种是被美国家庭收养的来自俄罗斯、乌克兰和中国的孤儿(Isurin,2000;Nicoladis & Genesee,1996)。这些儿童被美国家庭收养后逐渐适应 L2 环境而放弃使用母语。前面提到的这两种群体大多是为了避免种族歧视和语言带来的羞耻感而放弃使用母语,他们的这种做法大多为了实现身份认同。第三种是到 L2 国家后使用 L2 写作的作家(Pavlenko,2006)。第四种是母语为德语的犹太人(Schmid,2002)。这个群体和以往的研究对象有些不同。这些被试者在停止使用或很少使用母语 60 年后依旧保持了完整的语言知识。对这个群体的研究结果验证了 Neisser 的语言磨蚀"关键期阈限假设"(critical threshold),也就是说,一旦超过了某个阈限,语言将不再产生磨蚀(Ecke,2004)。母语磨蚀的原因主要来自社会因素,多数母语磨蚀的群体都是为了适应目的语国家的生活环境而放弃使用母语。从心理上看,这些人群在态度和动机上也认可了目的语国家文化。

二语磨蚀的研究对象包括儿童、语言教师、大学生等人群。比如阿拉伯国家学习英语的大学生(Alharthi & Al-Hassan,2016);在波兰英语作为 L2 的英语教师(Wlosowicz,2017);生活在澳大利亚而 L1 为荷兰语 L2 为英语的荷兰语—英语双语群体(Ecke,2004);在英语国家学习三年以上回到日本的青少年(Hayashi,2011)等等。这些研究中 L2 主要是英语。研究通常都采用语言对比的方法,运用"启发式任务"(elicitation task)记录口语表达在两个时间点(比如两个月假期的前后时间)的差异。研究对象都是倾向于使用母语而导致 L2 产生磨蚀。L2 使用频率不高或缺乏是产生 L2 磨蚀的主要原因。

三语磨蚀和二语磨蚀的研究对象大致相同,都是各个年龄段的外语学习者。由于目的语的接触或联系时间有限,母语的大量使用很容易使外语出现磨蚀现象。随着目前全球化越来越广泛,外语习得成为必需,但外语的保持又是一个艰难的课题。相信语言磨蚀的进一步研究会为外语能力的保持提出更好的建议和策略。

第三节 语言磨蚀的产生

只要有语言习得,语言磨蚀便会产生。语言磨蚀并不是突然发生的改变,而是一个逐渐发生的过程。开始时,遗忘过程会发生得很快,之后,遗忘曲线会逐渐平缓(Lyda & Szczesniak,2014)。很多原因可能导致产生语言磨蚀。从社会学角度看,移民的语言融合是产生语言磨蚀的主要原因。社会环境中,L2 的频繁使用致使移民放弃使用母语,大脑不断激活 L2,对母语进行抑制,从而导致母语产生磨蚀。对于第一代移民来说,这种解释是成立的。但对于移民的第二代来说,导致他们的 L1 产生磨蚀的原因可能源自语言态度和动机。第二代移民生活在 L2 的生活和学习环境,这些环境要求他们依靠 L2 生活和谋生。和 L1 相比,L2 更像是他们的 L1。对 L2 的需求使第二代移民在心理上更倾向于接受 L2,对 L2 语言和文化的学习动机更强烈。

从认知角度看,语言磨蚀源自认知负担。多种语言加工增加了认知负担(Herdina & Jessner,2013)。影响 L1 语言磨蚀的认知因素包括记忆、天赋、读写能力、任务依赖(Schmid & Köpke,2007)。记忆分为工作记忆、短时记忆和长时记忆。人类大部分知识都存储于长时记忆中。如果不定期激活长时记忆,信息就会被遗忘。因此,有的研究认为,语言磨蚀主要因遗忘导致。从工作记忆的角度来看,工作记忆由两个存储系统和一个中央管理器构成。两个存储系统包括语音环(the phonological loop)和视觉空间画板(the visuospatial sketchpad)。中央管理器的主要作用是以协调整体工作和分配注意资源,当双语者或三语者控制语言使用时,中央管理器对某种语言资源的关注会使该种语言更容易被激活和提取。因此,从工作记忆的角度来看,语言磨蚀是中央管理器出现了问题。

从认知资源的方面来看,L2 和 L3 的习得重新分配了认知资源,在此过程中,L1 的资源会发生变化和重新构建。De Bot(2007)在提出多语的动态发展模型时指出,个体习得的三种或多种语言都有动态发展变化,都有可能发生磨蚀现象。这就好像沙滩上的沙堆,由于外界的风吹或湿度的变化,沙子会不断下滑,改变形状。语言磨蚀也一样,某些成分的消失会导致系统重组,寻找新的状态。

前面提到过,有语言天赋的双语者对语音、词汇或语法有极高的敏感性。语言天赋高的双语者或三语者语言会更流利。语言流利性可以防止语言磨蚀的产生。通过阅读和写作可以预防语言磨蚀,并且书写可以保持语言使用动机(Monika S. Schmid & Barbara Köpke,2013)。积极的语言学习动机可以有效防止语言磨蚀的发生。

词汇和语法是语言表述的基本要素,这两项语言内容可以确保语言表述的完整。在语言磨蚀中,衰退最明显的也是这两部分,主要表现为词汇提取困难(Kurashige,1996)和语法结构简单化。有的研究也认为语法的衰退比词汇更快(Moorcroft & Gardner,1987)。L1和L2的语法可能依赖于不同的记忆系统,而L1的语法属于程序性记忆,L2的语法属于陈述性记忆。两种语言的记忆方式不同,磨蚀方式也不同。L1的词库更容易产生语言磨蚀(Schmid & Köpke,2007)。此外,语音与词汇和语法相比,语音一直表现得很稳定,不容易产生磨蚀。

和语言输入相比,语言输出也最容易发生磨蚀或衰退,接受性输入本质上不受影响(Cohan,1989)。对此的解释是,接收信息只需要听觉或视觉信号的输入,而输出却需要语言系统的神经冲动(Schmid & Mehotcheva,2012)。这种冲动需要强烈的语言学习动机来驱动,但一般来说,语言磨蚀的产生一定是对目的语兴趣逐渐减弱以及学习动机不够强烈造成的。学习冲动的降低无法驱使神经元发生更多的化学反应或电冲动。

前面提到,Neisser的语言磨蚀"关键期阈限假设"(critical threshold)提出,一旦超过了某个阈限,语言就不再产生磨蚀(Ecke,2004)。在二语磨蚀研究中常常提到Bahrick(1984)的研究,该研究结果表明,语言训练停止后第3年和第6年,二语知识最容易产生磨蚀。在这之后,剩余的知识会保留20多年或者50年,甚至更长时间。如果从年龄来看,7岁是很容易产生语言磨蚀的年龄,10岁对语言磨蚀的防御能力会更强一些。研究中,5到8岁的孩童比更大年龄的儿童更容易发生语言磨蚀(Berman,1982);从语言的使用频率来看,周末班或每周两三个小时的目的语练习无法抵消语言衰退的速度(Yoshitomi,1999)。但每天进行一个小时的目的语训练,可以有效防止语言磨蚀的发生(Taura & Taura,2000)。因此,提高语言接触频率,提高目的语流利水平是预防语言磨蚀的关键。此外,对待目的语保持的态度和动机也很关键。高水平的语言保持动机可以驱使学习个体增加目的语接触频率,从而抵消语言消退的影响。

语言,就像是一个朋友,如果你不投入时间和精力来维持这段友谊,这个朋友就会渐行渐远,慢慢从记忆里消失。但如果要想留住这个朋友,唯一的办法就是多和它交流和交往。

第四节 相关理论

针对语言磨蚀现象,研究者们提出一些理论,对语言磨蚀做出解释。退化假设(Regression Hypothesis,RH)由 Ribot 于 19 世纪 80 年代提出。该假设曾用于失语症病人的语言缺失研究,也用于儿童语言习得对比研究中。

退化假设的主要观点认为语言磨蚀的退化顺序与语言习得顺序相反,也就是说,最先习得的语言内容最后遗忘,最后习得的内容最先遗忘。高频词最先习得,使用频率也最高,也是最后衰退(Schmid & Mehotcheva,2012)。另一个与之相似的假设是关键阈限假设(the Critical Threshold Hypothesis)。该假设认为学得最好的知识最后消退,但这个版本并不适用于失语症病人。

选择理论(Selectivity Theory)认为语言的衰退是选择性的。比如,接受性词汇比产出性词汇更容易产生磨蚀;语言输出能力比接受输入的能力更容易消退;第一语言的低频词比高频词更容易衰退;抽象词比具体词更容易产生磨蚀;动词比名词更容易被磨蚀等(详见 Wang,2014)。

激活阈限假设(Activation Threshold Hypothesis,ATH)对语言磨蚀的解释是经常使用的语言激活度比较高,激活阈限较低,因此更容易提取。但如果长期不使用或使用频率很低,该语言的激活阈限就会升高,难以激活该语言。此外,该假设认为,陈述性知识的阈限比程序性知识的更高,更难提取。不仅是频率或知识类型可以决定阈限,从神经语言学理论角度看,情绪也能降低激活阈限(Paradis,2009)。这就是通常意义上的"乐学者"的学习效率一定高于"知学者"的学习效率。

  无论是L1,还是L2或者L3,语言磨蚀都有可能发生。事实上,语言能力衰退就是语言习得的一个组成部分(Sharwood-Smith,1989)。从习得语言开始就意味着这种语言有可能衰退,在缺少使用机会的时候尤其明显。语言磨蚀的产生可能也受到社会因素或语言因素的影响,但语言学习动机或学习态度是主要影响因素。只有高水平语言学习动机能激发学习者提高语言接触频率,防止语言磨蚀的发生。

第六章

语言习得动机

动机的研究始于人类行为的研究,开始于19世纪。动机是一种心理过程,不是结果。这个过程由目标或对象引导,激发或维持个体的心理活动。动机维持的心理过程会因外部因素或内部因素发生波动,并非稳定不变。通过任务的选择、努力的程度、对活动的坚持以及言语表达等外部行为都可以衡量一个人动机的强弱。从生理上,动机可以驱使个体发起行为,并维持行为直至结束。从心理上,动机可以驱使个体筹划和组织思想,从而达到目标或解决问题。动机的这种生理和心理上对行为的激活功能不可忽视,是人类进化的结果,是生存的基础。

动机按社会性可分为兴趣动机、成就动机、权力动机、交往动机等。按本能可分为饥饿动机、性动机。语言学习方面主要关注学习动机和成就动机。学习动机可能是为了自己,也有可能是为了回报社会。依据学习意义来看,学习动机又可以分为利他学习动机和利己学习动机。利他主义动机是一种高尚动机,指个体想要通过好好学习将来回报社会。有利己主义动机的个体希望自己学习好可以从父母那里获得物质奖励。学习动机又可依据实现目标的时间分为近景学习动机和远景学习动机。近景学习动机关注的是近期学习目标;远景学习动机关注的是远期或多年后的学习目标。依据个体关注的学习内容差别可将学习动机分为直接学习动机和间接学习动机。直接学习动机对学习本身感兴趣,间接学习动机对学习结果感兴趣。依据激发动机的因素又可分为外部动机和内部动机。外部动机指外部因素驱使的学习动机,比如父母的鼓励等。内部动机指个体本身就热爱学习,有强烈的学习愿望。依据追求的目标也可将动机分为认知内驱力(比如我想学习)、自我提高内驱力(比如希望得第一名)、附属内驱力(比如想要获得表扬)。动机或动机强度可以通过以下几方面识别:任务选择、努力程度、对活动的坚持和言语表达等外部行为(陈琦,刘儒德,2021)。

不同行为激发不同的动机内容。动机是驱动行为的力量。无论是哪一种动机都在行为驱动上有着推动作用。当然,动机的驱动力有积极动力和消极动力之分,它可以激发个体能量,积极应对困难,也可能使个体消极应对面临的困境,从而放弃目标或产生对抗情绪。在学习中,学习者如果能恰当利用动机的力量,学习效果会事半功倍。语言学习同样如此。但语言学习中,影响个体的因素来自多个方面,这些影响因素会对个体的动机形成产生不可忽视的影响。

第一节　动机理论与学习动机理论

早期的行为主义强化理论认为,奖励和惩罚可以用来维持学生的学习动机。这种思想到现今教学中依旧还在使用。之后,新行为主义理论提出驱动力理论,认为内驱力可以激发不同行为满足个体的需求。再之后,美国著名俄裔犹太裔人本主义心理学家亚伯拉罕·马斯洛的需求层次理论(Need-hierarchy theory)将动机的概念提高到更高的层次。动机不再是生理驱动那么简单。马斯洛将人类的需求从低向高分为五个层次:生理→安全→归属与爱→尊重→自我实现。每个层次都代表了需求和满足程度。人类的这些需求如果无法得到满足,学习动机也会受到严重影响。没有安全感或者没有感受到爱的孩子很难有很强的学习动机。随着需求由低到高的满足,学习个体的学习动机不断增强,直至自我实现。随后,以斯金纳为代表的激进行为主义提出动机可强化概念(Chambers,1999.),认为动机可正性强化,也可负性强化。20世纪50年代,认知研究兴起,人们开始关注心智的力量。动机开始被看作一个动态变化的力量,包含了社会、情感和认知的内容(Murray et al.,2011)。

动机是一种心理过程,容易受到四种因素的影响:环境、性情、目标和工具(实现目标的工具)。个体自身的因素和环境因素的交互作用影响个体的心理和行为(贾绪计等,2020)。学习动机也是个体行为与环境交互作用产生,但学习中动机的产生和发展并不仅是刺激和发生这么简单。学习是一个不断发生变化的过程,动机在其中起着推动作用。学习的成功会很大程度上提升动机水平,但失败也会削弱动机。此时,正确地归因显得非常重要。韦纳提出成败归因理论,认为正确地归因对学习动机起着关键作用。在学习中,如果教师或家人能帮助个体正确归因,或者个体进行归因信念训练,都有助于提升学习动机。

自我效能感在学习动机中也起着关键作用。学习者依据既往经验、替代性经验、言语劝说以及即时的情绪生理状态,会对自己能否取得成功做出主观判断。有很强自我效能感的个体,学习动机水平也很高。和失败归因一样,如果周围人群能合理解释既往的失败经验,或者突出既往的成功经验,个体的自我效能感也能获得提升。当然,自我效能感也可以通过训练得以加强。

在学习过程中并不是动机越强学习效果越好。赫布和柏林提出的"唤醒理论"(Arousal Theory)指出,每个人都有一个唤醒状态。处于唤醒状态时,工作效率最高。该理论中有一个耶克斯多德森定律(Yerkes-Dodson Law),该定律认为中等强度的动机学习效果最好。唤醒程度低的时候,做一些重复性的工作比较好。唤醒程度高时,个体很难集中注意力,整个生理水平处于非常活跃的状态,很难平静地完成学习任务。

弗洛伊德认为,人类行为主要由两种动机驱使:生存的本能和惧怕死亡的本能。弗洛伊德提出的本我、自我和超我概念,在目前的语言学习研究中也被运用。本我指具有本能、冲动和欲望的我;自我指现实世界的我;超我是理想的我。如前所述,动机是一种过程,这个过程由目标或对象引导,激发或维持个体的心理活动。多语学习动机的研究指出:学习个体树立"超我"的目标有助于提升语言学习动机。多语学习动机中的"理想自我"即"超我"的体现。

动机是一种过程,不是结果。在这个过程中,动机呈动态变化,不可能一成不变。逆转理论提出,人类的动机会从对立的一端转向另一端。动机的逆转发生在学习过程中,原本低水平的动机可能会因为某次成就、周围人群的语言刺激或目标形象的改变而发生逆转。在逆转发生前,认知评价发生了作用。认知评价决定了动机方向和程度。

第二节 母语习得动机

母语习得从婴儿时期就开始了,可以说,身处子宫中的胎儿已开始习得母语。胎儿的语言习得是在无意识中潜移默化地完成的。出生后,通过与父母或保姆的互动,婴儿继续习得母语。此时,婴儿还没有自我意识，也没有对世界的认知。在他们的世界里，唯一的交流对象就是父母或保姆，而且主要是母亲。母亲的表情、眼神和动作都成为婴儿评价习得结果的衡量标准。因此可以说，母语习得时主要的学习动机就是获得母亲的赞许。

第三节 二语习得动机

二语习得和母语习得有着很大的不同。母语是习得，而二语是学习。当然，现有的研究文献中已将二语习得与二语学习替换使用。习得是本能的、自发的学习状态，而学习是有意识的、由内外因素驱使的状态。多数学习者在课堂内或在指导的情况下学习L2，学习的动力主要来自目的或任务导向，和个体的社会需求密切相关。

一、二语习得动机研究

无论是自然习得还是指导学习的二语习得，在开始学习L2时，个体的社会接触面比母语习得更大，影响因素也更多。虽然个体的学习能力是语言习得中一个不可忽视的因素，但在L2学习时，语言学习动机的作用胜过语言学习能力。高水平的学习动机甚至能弥补能力和学习条件的不足（Dörnyei，1998）。在学习环境下，如果没有足够的学习动机，个体的学习能力也难以充分表现。没有学习动力，完美的课程设置、优秀的教学设计也无法保证学生的语言学习是否能达到最终的学习预期（Dörnyei，1998）。动机在社会生活和学习中都起着无法替代的作用，它对个体的驱动促进了个体的成就和发展。同在一个教室中，有的学生能学好而有的学生却总是没有进展，因为二者的动机强度并不相同。

二语习得动机研究始于20世纪50年代，属于二语习得的一个范畴。最初的二语习得动机研究从社会学角度展开。Gardner及其团队从社会学角度研究二语习得动机，这被誉为二语习得动机研究的一个里程碑。到20世纪90年代时，研究者们意识到社会心理研究不能完全分析教育环境背景下的二语学习,因此发起"动机复兴"运动,将研究方向转向教育环境(周颂波等,2011)。目前的二语习得研究已涵盖社会心理学、教育心理学、神经生理学等领域。

最初的二语习得动机研究以宏观研究为主,注重大量收集数据。Robert Gardner 及其团队对加拿大以 L2 为法语的学习者所进行的研究就是这一方面的代表。广泛收集的数据可以看出 L2 学习动机的普遍特征、常见影响因素。Gardner 及其团队在研究基础上提出了工具型动机、融合型动机概念。20 世纪 90 年代,研究者们把兴趣转向微观分析研究。这段时期,研究者们关注 L2 学习动机对个体学习行为和成绩的影响。微观分析的研究背景主要是 L2 课堂,该时期的代表人物为 Zoltán Dörnyei 和 Alastair Henry。基于弗洛伊德的本我、自我和超我的概念,这些微观研究提出 L2 习得动机系统中"理想自我""应为自我"和"自我概念系统"概念,这方面的研究认为心理意象对实现目标有引导和驱动作用。

L2 习得动机量表在 L2 动机研究中必不可少,依据不同研究对象,研究者们制定和开发了不同的量表,并获得了效度和信度的有效支持。Gardner 及其团队制定了"态度动机调查量表"(the Attitude Motivation Test Battery, AMTB)。由于其涵盖维度较广,持续数十年被用于 L2 动机研究,拥有较高的信度和效度。此外,Dörnyei 及 Clément 针对匈牙利研究对象也制定了 L2 动机量表。该量表较 AMTB 更加容易操作和实施。在我国,高一虹及其团队在对国内大学生、研究生进行大规模 L2 动机调查时,也制定了符合我国学生的 L2 动机调查量表。该量表经过统计学处理,也具有较高的信度和效度。

量表的使用结合现代科学软件工具的使用使学习动机研究颇具成果。目前的 L2 习得动机研究样本量大到上万人,小到单个个体。Coleman(1995b,1996a)对 25 000 英国大学生进行的 L2 动机研究。Coleman 不仅研究了英国大学生的 L2 动机,还将研究结果与爱尔兰、德国、意大利、葡萄牙、匈牙利和法国学生学习动机进行对比,对 L2 流利性、学习背景、学习态度和学习动机进行了对比分析和描述。在我国,高一虹及其研究团队(2003)对国内的 2 278 名大学生的 L2 习得动机研究进行研究,发现我国大学生的 7 种 L2 习得动机类型。Dörnyei 和 Clément(2006)对匈牙利 13,000 名 L2 学习者也进行了大规模研究,发现了 5 种动机类型。

L2 学习动机研究多为英语作为 L2 的研究。Boo，Dörnyei 和 Rya（2015）做的 L2 学习动机研究调查中发现，在 2005 年到 2014 年间，72.67% 的实证研究都是英语作为 L2 的研究，对于英语以外的外语研究都非常鲜见。英语是目前学习和运用最广泛的语言。在绝大部分非英语国家，英语是最广为接受的 L2。不过，目前对非英语的二语动机研究也在兴起。除英语国家人群的外语学习动机研究外，中国和欧洲非英语国家的二语习得动机研究也开始增多。比如中国的教育背景下的少数民族群体习得普通话的学习动机研究。普通话是少数民族学生的 L2，英语是 L3。在国家政策层面下的二语习得动机研究是这一研究的特点所在。

目前，L2 学习动机研究已在 53 个国家进行了实证性研究，位居前三位的国家是日本（38 例，占 11.34%）、美国（30 例，占 8.96%）和中国大陆（25 例，占 7.46%）（Zann Boo et al.，2015）。如果加上中国香港的 15 例和中国台湾的 11 例，中国应该是研究 L2 学习动机最多的地区。

二、二语习得动机的相关概念和理论

谈到 L2 习得动机理论，最先想到的是融合性动机、工具性动机、内部动机、外部动机这些经典概念。Gardner 及其同事对加拿大学习者 L2 学习动机的研究开辟了学习动机研究的先河，该团队开发的"态度/动机测试量表"（the Attitude/Motivation Test Battery，AMTB）一直沿用至今，成为经典。Gardner 及其同事的研究提出了融合性动机和工具性动机的概念。但这两个概念的定位一直在变化。工具性动机指为了实现现实愿望而学习 L2 的动机，也就是说，个体意识到 L2 流利水平会带来好处，因此学习 L2。比如为了获得一份好工作而学习 L2 的学习动机。融合性动机指学习个体发自内心地喜欢学习 L2，并渴望融入目的语人群，或者了解其文化的动机。很多研究都将工具性动机和融合性动机看作动机类型，但 Gardner 将工具性动机和融合性动机看作目标定位，认为二者唤起动机并引导个体完成一系列目标，而二者并不是动机的主要构成部分（Dörnyei，1998）。工具性动机的"工具性"被看作 L2 学习的理由或学习目标。Gardner 的定义中，融合性动机包括融合定向（Integrative Orientation）、融合性（Integrative）和融合性动机（Integrative Motivation/Motive）。三者产生的顺序为：融合定向、融合性、融合性动机。融合定向包括对 L2 的兴趣以及对 L2 社区的态度。融合由以下部分组成：对外语的兴趣、融合定向、对加拿大法语或欧洲法语的兴趣。融合性动机包括态度、目标定向及动机变量。但在 Gardner 后期的研究中工具性动机和融合性动机被看作语言态度。通常意义上认为，态度发生在动机之前，引发动机的发生。

  Gardner 及其团队编制了测试语言学习态度与动机的标准化量表：态度/动机测试量表（the Attitude/Motivation Test Battery, AMTB）（Gardner et al..1993）。该量表有很强的可操作性，也有很高的效度，因而受到广泛使用。虽然说 Gardner 及其同事的研究切入角度是社会心理学，但该量表对加拿大学生的研究就已涉及教育领域，其中涉及课堂教学、教师等内容。AMTB 量表涵盖了 11 个维度，分别是：对说法语的加拿大人群的态度、对法语学习的态度、学习法语的渴望、法语课堂焦虑、法语使用焦虑、对外语的兴趣、工具型定向、融入型定向、动机强度、来自父母的影响、对英语教师的评价。这 11 个维度可归为 5 个范畴：融合性、对学习情境的态度、学习动力、语言焦虑及其他特性。经过多年的运用，研究者们对该量表提出一些疑问，比如认为该量表没有严格区分动机强度、愿望与态度。目前的研究认为，态度决定了动机，并不能看作动机的一部分。尽管如此，Gardner 及其团队提出的动机概念、编制的问卷对 L2 学习动机研究作出了重要贡献，这是有目共睹的。

  另外两个经典概念是 Atkinson、McClelland、Clark 和 Lowell 提出的内部动机和外部动机。和前面提到的融合性动机与工具性动机一样，这两个经典概念也在 L2 动机研究领域被运用了数十年，都是 L2 习得动机研究中必不可少的理念。有的研究甚至将这两组动机看作对应关系，即把融合性动机看作内在动机，把工具性动机看作外在动机（Chambers,1999）。和工具性动机与融合型动机相比，内部动机和外部动机的出现频率更高，在成百上千的出版物中都提到过这两个概念（Vallerand,1997）。内部动机指出于内在的兴趣和快乐而产生的学习动机。外部动机指外部原因导致产生的学习动机，比如为了满足父母的期望而学习 L2 或为了找到好工作而学习 L2 的学习动机。这样的动机划分并不意味着动机类型两两对立，事实上，各种动机类型是相互融合共存的关系。比如想要通过学习 L2 找到好工作的人也希望能融入目的语群体，渴望了解和学习他们的文化。但也有研究发现，外部动机对内部动机具有破坏性作用。已有研究发现，如果个体需要满足外部需求

（比如强制阅读一定的阅读量）时,个体就会失去原本对阅读所产生的内在兴趣(Dörnyei,1998)。无论是工具性动机和融合性动机,抑或外部动机和内部动机,我们都不能简单地、孤立地看待它们。L2学习个体有自己的学习驱动源,但这种内在驱动力会受到外界影响,影响因素会导致动机发生变化和波动。波动和变化可能是暂时的,也可能持续整个学习过程。动机的波动在学习过程中也可能增强或减弱。学习个体的性格差异会导致产生不同的波动程度。

动机的动态变化和非线性发展特征源自内部或外部因素的影响。Ema Ushioda提出的复杂动态系统理论(Complex Dynamic Systems Theory,CDST)充分体现了L2学习动机的这一特点。该理论不仅把动机看作一个动态变化的系统,还提出了L2学习动机的10个特点:

（1）可变性,即动机的不断变化性。

（2）空间限制性。L2学习者的动机系统是在一个状态空间中移动,而且这个状态空间中,L2学习者的动机有时被吸引,有时被排斥。吸引学习者动机的成分被称为吸引子(attractor)。无论是吸引还是排斥,都只是暂时现象。

（3）复杂性。无论是出于何种动机学习L2,这个动机产生和发展的系列过程都会受到各种因素的相互作用影响。

（4）关联性。涉及动机的各因素间是彼此关联、重叠和互动关系。

（5）非线性关系。动机系统的发展变化是混乱、不可预测的。如果是线性发展,则一切都可预知。但动机系统存在和变化并非如此。

（6）对初始状态的敏感依赖。初始状态的细微改变都会对未来行为产生非常大的影响。学习者可能会因为对初学的经历不满意而放弃学习,但这种令人不满意的学习结果是很多因素造成的,课程、教师、教学方法、与同学的互动等因素都有可能影响学习效果。

（7）开放且不断的延续性。动机系统是开放的,它不断与环境互动发展。这个系统会不断自我调适、再发展。以此往复,不断循环。

（8）适应性。动机系统会依据环境刺激不断调整适应。

（9）情境依赖性。学习者的动机系统离不开环境变化,二者持续互动,一直变化。

（10）重尾分布(heavy-tailed)形态。重尾分布是相对于高斯分布(Gaussian distribution)而言。高斯分布呈钟形曲线,中间点代表普遍行为。动机的复杂动态系统呈重尾分布,也就是说,在钟形曲线边缘分布的不常见行为比在高斯分布中更多。这充分说明动机系统的多样性和变化性特征(Dörnyei et al.,2015)。

动机系统之所以呈动态性,不仅因为外在环境的刺激影响,还因为个体情感和认知的变化性。该理论认为动机动态系统包含三个部分:动机—情感—认知。二语学习者在学习过程中的动机会激发学习热情,从而能投入学习中。包含情感的动机状态能提升认知水平,有利于学习。

值得注意的是,动态系统提出之前,人们一直认为动机是静态的思想或情绪状态,或者只是一个目标。人们常说的是:"我想要成为教师是因为我想帮助这些学生。"现在,动态系统的提出确定了动机是一个发展过程,是动态而非线性的发展。

动态系统理论中很特别地提出吸引子的概念。Dörnyei认为,吸引子指的是四种状态:投入、兴趣、焦虑和乏味。在二语学习研究中发现,适当的焦虑有助于二语学习,对学习起到正向引导作用。之所以把乏味看作一种吸引子状态,是因为学习者的学习能力很高而学习要求很低,因而感到乏味。乏味是学习者已经过分投入的一种表现。这里指的乏味不是厌倦的含义,而是指对新挑战或新知识的渴望,因为吸引子指能吸引学习者的动机成分。吸引子因角色不同而成分各异。一个应届毕业生学习L2的吸引子和一个有工作经验的L2学习者会因角色不同而致使吸引子成分内容形成差异。

近年来,另一个在二语习得动机研究中常常出现的理论是Dörnyei提出的"L2学习动机自我系统"(The L2 Motivational Self System)假设。该假设认为有三个变量会激发L2学习者的学习行为:理想自我、应为自我和语言学习体验。L2理想自我指学习者希望成为目的语使用者的形象。这个概念看似很像弗洛伊德的"三我"中超我的概念。L2学习者为自己树立的未来形象会引导他们实现这一目标,比如成为英美国家公司的精英或某个英语大赛的获奖者等,这些形象都有可能对学习者起到引导和激励作用。L2应为自我指学习者为了满足他人要求而需要成为的自我形象。这些要求可能来自父母或老师,比如学习成绩要达到某个水平等。学习体验指四种体验:兴趣、乏味、适当地关注和焦虑(Dörnyei et al.,2015)。这里所说的乏味概念和动态系统理论中的一样,指学习者渴望学习新知识,从而对已知知识产生的情感体验。

"L2学习动机自我系统"关注个体学习动机研究。通过个体个案分析，发现个体动机水平差异。前面谈到的工具性动机、融合型动机、外部动机和内部动机对每个学习者来说都有共性可言，但"L2学习动机自我系统"中自我形象的设定因个体差异而出现不同。每个学习者的语言流利水平不同，学习体验的感受水平也有所差别。在这个动机系统中，学习体验属于情感因素，在动机中起到调节作用。"自我系统"体现出不同个体L2学习时的不同体验，在男女性别上，"自我系统"表现形式上也有所不同。对我国L2学习者的"L2学习动机自我系统"研究中发现：我国学生的"应为自我"均值中等；我国男学生的"应为自我"均值高于我国女生（You & Dörnyei，2016）。研究结果表明我国男性的社会责任意识比女性更强，男性的社会压力比女性更大。此外，研究也发现我国学生的"理想L2自我"通常与国际社区的形象相关联，并非指某个L2社区或群体中的自我概念（Yashima & Arano，2015）。L2学习动机自我随着文化、性别、年龄及生活体验的不同而有差别，是个体心理需求的重要体现，这种心理需求反映了上述因素的个体特征。

"L2动机自我系统"体现出学习者对自身的元认识。元认识是学习者对自我的认识、对学习任务的认识以及针对学习任务能采取何种有效学习策略的认识（Murray et al.，2011）。元认识也是学习者对自己的学习计划的安排、监督和评估的认识，是各种技能的总称（Weng，1998）。如果学习者能够建立这样的L2学习系统，证明学习者对L2学习的过程已经有了明确的目标和认识。但现实中，大部分学习个体的L2学习选择多为顺应父母或学校的安排。因此，有的研究认为，稳定的理想自我表征不会出现在青春期之前，使用"自我"调整学习动机的做法并不适用于中学以前的学生（Zentner & Renaud，2007）。

基于Dörnyei（2007）既往的研究可以看出，Dörnyei比较注重L2学习者对待L2学习的态度及目标定向能力。学习者只有看到了目标的价值才会对目标定向。Dörnyei认为的"目标价值"包括融合价值和工具性价值。这两个概念和工具性动机、融合性动机相符。Dörnyei也认为目标的价值和明确目标的设定才能激发学习者的自我激励学习策略。

Dörnyei的"L2动机自我系统"假设是近年来研究L2学习动机中运用较多的理论。它主要源于三个理论基础：之前的L2习得动机研究、Markus和Nurius（1986）的研究、Higgins（1987）的动机心理学研究（Henry，2012）。Markus和Nurius（1986）提出的"可能自我理论"

(theory of possible selves)认为,可能自我是一个动态系统,它包含个体在习得语言过程中长久存在的目标、志向、动机、恐惧和威胁等心理内容,它是个体的认知方式、知识组织、发展方向及与个体有关的意义内容的形成基础。在确定行为方向和强度时,这种心理表征成为认知和动机之间的连接桥梁。Higgins(1987)的"自我不一致理论"(self-discrepancy theory)包含两个自我:"理想自我"(the ideal self)和"应为自我"(the ought self)。"理想自我"指个体在理想状态下想要拥有的特质表征,比如愿望、抱负、志向的表征。这个自我有提升的作用。"应为的自我"指个体认为应该拥有的特质表征,比如责任、义务或者道德责任的表征(Dörnyei,2009)。"应为自我"有预防的作用,可以预防负性结果的出现,比如个体无法实现责任、义务或者道德责任。这两个自我的特质可以来自个体本身的想法,也有可能来自其他人的想法。他人的想法会对个体产生影响,从而形成相对应的特质。Higgins 之所以将其理论称作"自我不一致理论",是因为动机会促使个体渴望降低"事实自我"与"理想自我"或"应为自我"之间投射行为标准的不一致。为了降低二者之间的不一致程度,动机会促使个体发起特殊的自我调节策略,为实现目标而尽量减少事实自我与理想自我或与应该自我之间的差异(Higgins,1987,1996)。

  Dörnyei 的 L2 学习动机研究不仅提出了"自我系统"的概念框架,Dörnyei 在 2006 年和 Clément 还制定了一份动机量表。该量表基于 Gardner 及其同事的 AMTB 量表做了部分调整。Dörnyei 和 Clément 的 L2 学习动机量表对匈牙利 L2 学习者的学习动机进行大规模研究(涵盖 13,000 人)。该量表包含 7 个维度和 5 个因子。7 个维度分别是:融合性、工具性、对 L2 人群或社区的态度、环境、语言自信、文化兴趣及 L2 社区的活力。5 个重要因子为:对 L2 目的语社区及人群的态度、工具性、L2 社区的活力、文化兴趣、融合性。Dörnyei 认为这 5 个因子突出代表了匈牙利 L2 学习者学习动机的几个重要维度。

  二语习得动机研究已取得很丰硕的成果。研究者们运用了各种统计学手段和心理语言学的研究方法对二语习得动机进行了从小规模到大规模(上万人)的研究。最初普遍使用研究手段是 Gardner 的社会心理学问卷,而今研究者们不仅使用半结构问卷调查、深度访谈,还通过 AMOS 进行归因。二语习得动机理论也获得进一步发展。从最初的内在动机、外部动机、工具型动机和融合型动机发展到现今的"自我动机系统"研究。研究对象也有所改变，最初的研究对象主要是母语为印欧语系以英语为 L2 的学习者，目前的研究中包含汉藏语系等其他语系语言的母语者。对不同语系被试的研究极大程度上推动了 L2 习得动机的研究。

目前，心理学和应用语言学界已确认的主要动机因素有几大类：认知需要和情感需要、期望值和效价、目标定向、结果归因、学习目的、自信心和努力程度等（秦晓晴，文秋芳，2002）。但语言是社会活动的产物，L2 语言学习是社会互动产生的结果，L2 学习动机反映出对社会活动的心理需求。因此，L2 学习动机和二语习得一样离不开社会、个体和语言这三种因素的影响，而这些因素又涵盖很多内容。一个理论若要将这些因素都涵盖，这无疑是一种挑战。Gardner 的量表主要关注的是社会学和教育学的角度，Dornyei 的"自我动机理论"主要关注的是心理学的角度。从语言学角度研究的内容还不太多，比如个体习得语言不同结构时的心理变化，习得词汇和句法时的心理变化差异等都值得关注并研究。

第四节 三语习得动机

L3 习得与母语、L2 的习得方式不同，习得动机也有差别。母语习得时，幼儿的习得动机大部分是为了取悦父母，在父母的反馈中习得语言。L2 习得时接触的是外语，语言的习得需要结合目的语文化完成。在此过程中，L2 学习者会产生融合型动机或工具型动机，以帮助和引导学习者完成学习目标。L2 学习时，外部影响因素比母语习得时更多，对学习动机的影响也更多。国家对目的语语言的政策、父母对目的语的态度、老师的看法、学习者自己的看法都会影响 L2 学习动机。L3 学习时，与 L2 有相似之处，但也有差别。相似之处在于，L2 和 L3 同为外语。差别之处在于，L3 学习时的受影响因素要比 L2 更复杂，学习动机有可能减弱。

目前的 L3 学习动机研究主要有以下发现：L3 学习动机类型和 L2

学习动机类型很相似,但在 L3 学习中,动机水平呈典型的下降趋势,没有 L2 动机水平时那么强烈(Henry,2009);和 L2 习得动机相比,L3 学习动机更容易产生波动。这种波动有可能缓慢发生,也有可能突然发生(Mercer,2011);由于 L3 学习需要分享 L2 的时间和资源,因此,L2 很容易对 L3 学习动机产生负性影响(Henry,2015)。

L3 学习动机研究继续沿用了 L2 学习动机中的一些概念和理论,这也是为什么在有的研究中,L2 和 L3 学习研究被等同的原因。二者都是外语学习,相似点多于差异点。前面提到的 Dörnyei 的"二语动机自我系统模式"(L2 Motivational Self System model)、Markus 和 Nurius 的"工作自我概念"理论(theory of the working self-concept)都在 L3 学习动机中有所运用。Dörnyei(2005,2009b)的"二语动机自我系统模式"包括理想自我、应为自我和语言学习体验。这两个自我在 Henry(2011)的 L3 习得动机研究中成为"可能自我"的概念。"可能自我"与语言情境结合决定了特殊情境中个体的认知反应。情景在 L3 学习动机研究中被看作自我概念的激活手段,也就是说,情景能使"自我"处于活跃状态。活跃状态下的"自我"可以决定行为方向,思维和记忆也能在情境中被激活(Henry,2010)。L2 和 L3 的"可能自我"各不相同。

在 L3 学习中的"激活的自我概念"理论(theory of the working self-concept)提出"激活的自我"这一概念,用以形容各种语言中活跃变化的"自我"。各种自我在有限的心智空间里相互竞争,争取空间和资源(Dörnyei & AL-Hoorie,2017)。上述提到的可能性自我、在情境中活跃的自我构念系统以及自我认识都属于激活的自我。在 L3 学习中,如果 L2 是英语,L2 英语自我概念会非常活跃,会对 L3 学习动机产生影响,这种影响是负性的(Henry,2011)。

如前所述,英语是一门普遍受欢迎的语言。无论是因为对英语的广泛宣传,还是因为英语的广泛使用,英语作为一门外语来学习会对其他外语学习产生极大的影响,使其他语言学习处于劣势地位。英语的这种影响也使英语作为 L2 产生的自我概念系统与其他外语的自我概念系统分离。英语无论是作为 L2 还是 L3 学习,英语学习都成为一种标准参照物。外语学习者会将英语和其他语言进行比较,且很容易对其他外语学习产生负性影响(Henry,2010)。这种负性影响体现在父母对待英语学习的态度上。前面提到过,有的父母会认为,学习英语一门外语足以解决就业需求,因此认为孩子没有必要再学习另一门语言。

和L2学习动机一样,L3学习中,学生也会产生理想自我。值得注意的是,在L2学习动机研究中,理想自我的构建没有性别差异,但L3的理想自我却出现了性别差异性。

第五节　消极动机

前面提到的行为动机中,无论是内部动机、外部动机,还是工具型动机、融合型动机,抑或自我引导动机,这些动机都是积极动机。但我们会发现,并不是所有人的行为动机都是积极的。在外界一些影响因素作用下,或是学习者个人的生理心理出现状况时,这些积极动机有可能转变为消极动机。消极动机和积极动机一样会受到强化作用,阻碍积极动机的发生,这也是行为主义心理学的强化理论中提到的负强化。

事实上,L2学习中负强化的例子并不鲜见。外界的干扰会成为学习者回避学习的正当理由,因此放弃L2学习。这也被称为"自我妨碍"(self-handicapping)。Berglas和Jones最早进行自我妨碍研究。他们将自我妨碍定义为"在表现情境中,个体为了回避或降低因表现不佳带来的负面影响而采取的任何能够将失败原因外化的行动和选择"(李晓东及其同事,2004)。"自我妨碍"并不是学习者的错误归因,而是主动回避学习。这种回避体现在行为和语言上,被称为"行动式自我妨碍"和"自陈式自我妨碍"。"行动式自我妨碍"指学习者在行为上回避学习,而"自陈式自我妨碍"是在语言上主动表述一些可能会影响成绩或表现的因素,比如说"当时我太紧张了,所以没有发挥好"或者"这是我父母的意思。"(李晓东及其同事,2004)。在三语学习动机研究中就有这样的例子。一部分欧洲的三语学习者不愿意继续学习L3,因为父母认为学习母语以及L2已能满足就业要求。父母的愿望会成为L3学习者的自我妨碍理由,从而减轻学习L3的困难和烦恼。与之相反,如果父母持支持的态度,自我妨碍会得到调节,转换为积极动机。过去的成功经历、个体的自我效能感都有可能对自我妨碍进行调节,降低妨碍水平。如果学习者有很强的学业浮力,也可以成功降低自我妨碍的发生概率。

学习浮力是学习者在学习过程中培养出的一种能力,学业浮力高的学习者能成功应对学校生活中典型的学业挫折和挑战(贾绪计等,2020)。学业浮力高的学生学习态度比较积极,热爱学习,能正确认识学习挫折与失败,敢于应对挫折和挑战。

消极动机对于语言学习者来说是比较常见的,并不是个别现象。外语学习和其他学科的学习一样,需要付出努力以及面对挑战。当外语学习者产生消极动机时,教师或周围人群应帮助其正确应对面临的困难,正确归因,积极引导,让外语学习者再次重回学习的良性循环中。

第七章 英语作为 L2 的教学方法

英语作为外语的教学已有很长的历史。研究者们提出了各种教学法，比如交际法、语法教学法、任务导向法、以学生为中心的方法等。这些方法在实践中提升了一些学生的学习效果，但对另一些学生来说未必有效，这也是这方面的研究一直不断更新的原因。

基于前几个章节的内容可以看出，无论是语言习得还是语言习得动机都会受到多方面因素的影响。学习的语言越多，影响因素就更多，影响的维度也更多。但无论是二语还是三语，影响主要来自三个方面：个体自身、语言本体以及周围环境。如果是一对一教学的英语教师，应能对这些因素尽量把控。但如果是进行课堂教学的教师，对这些因素的掌控难度会非常大，有限的能力只能帮助学习动机较强或很强的学生。

个体的因素包括个体的生理和心理两方面。这两方面看似没有关联性，但实际上相互作用、相互提升。这里讲的生理因素主要指注意力水平，对目标的关注度。饮食习惯或对外语学习不太感兴趣会导致学生学习注意力水平降低，从而影响到对目的语的心理接受水平。作为教师，及时给予学生积极的心理疏导显得十分重要。可以尝试从工具性动机或融合型动机方面寻找学生的关注点。近景的工具性动机激发可以为参加一两个目的语类的语言竞赛。通常，动机水平不高的学生会担心这样的活动会对自己造成挫折感。即便动机水平很高但参赛技能不够的学生有时也会担心失败会带来强大的挫折感。这就需要在激发近景工具性动机时付出极大的努力，不仅包括运用言语鼓励、既往成就归因等策略，也需要给予非常详细的指导，有效或成功地帮助学生提升工具性动机。一般来说，近景工具性动机的激发效果最明显也最有效。

远景工具性动机的激发可能会持续一两年。为了成功有效地激发学生的远景工具性动机，教师需要持续不断地在心理上对学生进行引导，尤其在学生受到外部因素干扰的情况下，教师付出的努力要加倍。引导方式除既往成功归因外，理想自我意象的塑造也很重要。教师需要通过相关资料或成功案例的介绍引导学生看到理想自我实现的可能性。通过这样的方式，原本看似不切实际的幻想可以在教师的引导中获得正向强化，让学生看到理想自我实现的可能。但由于持续时间稍长，为了维持动机水平，学生也需要通过参与各项与目的语有关的活动来维持外语学习动机水平。活动中的优异表现或奖励有助于维持学生的学习动机水平，甚至提升强度。由于远景工具性动机持续时间稍长，其间很容易产生波动。国家政策的调整、家庭经济情况的变化、同龄人失败的案例都有可能影响学生的动机水平。在此期间,理想自我意象会对学生起到相当重要的引导作用。就像青少年对偶像的追逐和崇拜一样,学生创造的理想自我意象会引导他们克服各种影响,直至实现目标。

和工具性动机相比,融合型动机的作用相对较弱。大部分学生学习目的语的目的不是到目的语国家生活,而是以目的语为跳板,方便日后完成就业或学业。但对部分学生来说,异域文化具有相当的吸引力。无论是出于对异域饮食的喜爱还是仅仅为了与目的语国家人群成为朋友,有融合性动机的学生对目的语文化的确具有相当的热情。通常来说,融合性动机比工具性动机更容易维持,因为融合性动机让人想到更多的是在他乡的生活,而不是刻苦努力地学习和拼搏过程。这在思想上的痛苦程度更低,因而也更容易保持。当然,通常来说,融合型动机与工具性动机可以结合使用。他乡生活场景的想象会激发对新鲜事物的好奇感,这种好奇会释放积极的能量,引导学生克服困难。

教师在教学中扮演的不仅是教师的角色,同时也是学生同伴的角色。教师就像是学生的眼睛,要利用自己的生活和阅历帮助学生看到他们想要看到的东西,并实现它。对于大部分学生来说,通过英语电影和电视剧可以构想出理想自我的意象,但这种意象的强化需要教师协助完成。教师的亲身经历可以强化学生的理想自我形象。此外,当理想自我与应为自我出现冲突时,教师也需要在其中扮演协调者的角色,帮助学生平衡两个自我的关系。教师可以帮助学生看到理想自我与应为自我可以相互促进,而不是冲突的关系。

参考文献

[1] 曹聪孙(1996). 语言类型学与汉语的SVO和SOV之争[J]. 天津师大学报(社科版), 2: 75-80.

[2] 陈琦, 刘儒德(2021). 当代教育心理学[M]. 北京: 北京师范大学出版社.

[3] 程冰, 张旸(2009). 母语习得的脑神经机制研究及对外语教学的启示[J]. 西安交通大学学报(社会科学版), 29: (3) 98-104.

[4] 程正方(2018). 现代管理心理学[M]. 北京: 北京师范大学出版社.

[5] 戴曼纯(2000). 论第二语言习得研究[J]. 外语教学与研究. 02: 138-144, 160.

[6] 戴炜栋, 何兆熊(2018). 新编简明英语语言学教程[M]. 上海: 上海外语教育出版社.

[7] 董艳萍(1998). 双语心理词典的共享(分布式)非对称模型[J]. 81(3): 1-29.

[8] 高一虹, 程英, 赵媛, 周燕(2003). 英语学习动机类型与动机强度的关系——对大学本科生的定量考察[J]. 外语研究, 77(1): 60-80.

[9] 桂诗春(2011). 什么是心理语言学[M]. 上海外语教育出版社.

[10] 何文广(2015). 二语句法加工的认知机制、影响因素及其神经基础[J]. 心理科学进展, 23(09).

[11] 胡壮麟(2020). 语言学教程(第五版)[M]. 北京: 北京大学出版社.

[12] 贾光茂(2011). 语言知识有多少是先天的？二语习得涌现论与先天论之辩述评[J]. 当代语言学, 13(4): 361-368.

[13] 贾光茂(2015). 争议与应对：二语习得涌现论研究的进展与启示[J]. 外语教学理论与实践, 2: 13-16.

[14] 贾绪计, 李雅倩, 蔡林, 王庆瑾, 林琳(2020). 自我妨碍与学习投入的关系：学业浮力的中介作用和父母支持的调节作用[J]. 心理与行为研究, 18(2): 227-233.

[15] 姜孟, 邬德平(2013). 语义迁移的六类证据及其解释[J]. 重庆工商大学学报(社会科学版), 30(1): 144-152.

[16] 靳洪刚, 高飞, 陈忠(2019). 时间相关电位(ERP)技术在第二语言句法习得研究中的应用[J]. 世界汉语教学, 33(4).

[17] 李珂(2010). 三语习得及其对新疆多元文化背景下英语教学

的思考[J].内蒙古师范大学学报(教育科学版),23(9):98-102.

[18]李晓东,袁冬华,孟威佳(2004).国外关于自我妨碍的研究进展[J].东北师大学报(哲学社会科学版),4:13-136.

[19]李增根(2016).藏族学生在第三语言习得中元语言意识研究[J].中南大学学报(社会科学版),22(1):247-253.

[20]毛一凡(2021).非目标语言自动激活的研究综述[J].考试与评价(大学英语教研版),6:110-114.

[21]倪传斌,张之胤(2011).三语对二语词汇识别的影响[J].外语与外语教学,261(6):29-34.

[22]牛瑞英(2007).《社会文化理论和第二语言发展的起源》述介[J].外语教学与研究,39(4):314-316.

[23]秦晓晴,文秋芳(2002).非英语专业大学生学习动机的内在结构[J].外语教学与研究(外国语文双月刊),34(1):51-58.

[24]王立非,孙晓坤(2007).国外第二语言语音习得研究的进展[J].外语与外语研究,4(217):25-28.

[25]王晓宏(2019).二语句法习得与英语教育的关联性研究[J].海外英语,115-116.

[26]许冰超(2019).输入加工理论对语法教学的启示[J].海外英语,106-107.

[27]魏亚丽,彭金定(2015).三语习得中的语言迁移述评[J].新疆师范大学学报(哲学社会科学版),(1):119-125.

[28]张辉,卞京(2016).二语习得和加工假说与模式:主要观点与分歧[J].外语与外语教学,4:10-20+147.

[29]张清芳(2019).语言产生:心理语言学的视角[M].上海:华东师范大学出版社.

[30]周有光(2011).世界文字发展史(第三版)[M].上海:上海教育出版社.

[31]Alharthi, T. & Al-Hassan, A. 2016. I thought I forgot about it: A case study in attrition of English Grammar and Reading Comprehension[J]. *International Journal of Linguistics*. 8(4).

[32]Alharthi, T. & Fraidan, A.A. 2016. Language use and lexical attrition: Do they change over time?[J]. *British Journal of English Linguistics*, 4(1):50-63.

[33]Amaro, J.C. and Flynn, S. and Rothman, J. 2012. *Third Language Acquisition in Adulthood*[M]. Amsterdam: John Benjamins Publishing Company.

[34]Bardel, C. & Falk, Y. 2007. The Role of the Second Language in Third Language Acquisition: the Case of Germanic Syntax[J]. *Second Language Research*, 23（4）: 459-484.

[35]Bahrick, H. P. 1984. Fifty years of second language attrition: Implications for programmatic research[J]. *Modern Language Journal*, 68（2）, 105-118.

[36]Best, C.T., & Tyler, M.D. 2007. *Nonnative and second-language speech perception: Commonalities and complementarities.* In M. Munro & O. S. Bohn (Eds.), *Second language speech learning: The role of language experience in speech perception and production*（13-34）[M]. Amsterdam: John Benjamins Publishing Company.

[37]Berkes, E. and Flynn, S. 2012. *Further evidence in support of the Cumulative-Enhancement Model: CP structure development.* In J. Cabrelli Amro, S. Flynn & J. Rothman (Eds.), *Third Language Acquisition in Adulthood*（143-164）[M].Amsterdam: John Benjamins Publishing Company.

[38]Berman, Ruth A. 1982. Verb-pattern alternation: The interface of morphology, syntax, and semantics in Hebrew child language[J]. *Journal of Child Language*, 9: 169-191.

[39]Boo, Z., Dörnyei, Z., & Ryan, S. 2015. L2 motivation research 2005-2014: Understanding a publication surge and a changing landscape[J]. *System*, 55: 145-157.

[40]Bouvy, C. 2000. Towards the Construction of a Theory of Cross-linguistic Transfer in Cenoz, J.& Jessner, U. (eds). *English in Europe: The Acquisition of a Third Language*[M]. New York: Multilingual Matters Ltd.

[41]Cabau-Lampa, B. 2005. Foreign language education in Sweden from a historical perspective: Status, role and organization[J]. *Journal of Educational Administration and History*, 37（1）: 95-111.

[42]Carroll, J. 1981. Twenty-five years of research on foreign

language aptitude. In Diller, K. *Individual Differences and Universals in Language Learning Aptitude*[M]. Rowley, MA: Newbury House, 83-118.

[43]Cenoz, J. 2000. Research on Multilingual Acquisition in Cenoz, J.& Jessner, U. (eds). *English in Europe: The Acquisition of a Third Language*[M]. New York: Multilingual Matters Ltd.

[44]Cenoz, J. Hufeisen, B.& Jessner, U. 2001. *Cross-linguistic Influence in Third Language Acquisition: Psycholinguistic perspective*[M]. New York: Multilingual Matters Ltd.

[45]Cenoz, J. & Jessner, U. 2000. *English in Europe: The Acquisition of a Third Language*[M]. New York: Multilingual Matters Ltd.

[46]Chambers, G.N. 1999. *Motivating Language Learners*[M]. Clevedon: Multilingual Matters.

[47]Clahsen, H.& Felser, C. 2006a. *Some notes on the shallow structure hypothesis*[M]. Cambridge: Cambridge University Press.

[48]Clark, E. V. 2009. *First Language Acquisition* (2nd Edition) [M].Cambridge: Cambridge University Press.

[49]Cohan, A.D. 1989. Attrition in the Productive Lexicon of Two Portuguese Third Language Speakers[J]. *Studies in Second Language Acquisition*, 135-149.

[50]Coleman, J.A. 1995b. The evolution of language learner motivation in British universities. With some international comparisons. In R.G. Wakely (ed.), *Issues and perspectives in language study*[M]. University of Edinburgh/CILT

[51]Coleman, J.A. 1996a. Studying languages: a survey of British and European students. *The proficiency, background, attitudes and motivations of students of foreign languages in the United Kingdom and Europe*[M]. London/CILT

[52]Craik F.I.M. & Lockhart, R.S. 1972. Levels of Processing: A Framework for Memory Research[J]. *Journal of verbal learning and verbal behavior*, 11: 671-684.

[53]De Bot, K. 1992. A bilingual production model: Levelt's

'speaking' model adapted[J]. *Applied Linguistics*, 13: 1-24.

[54]De Bot, K. 2007. Dynamic systems theory, lifespan development and language attrition. In B. Köpke, M.S. Schmid, M. Keijer & S. Dostert (eds.), *Language attrition: Theoretical perspectives*[M]. pp.53-68. Amsterdam: John Benjamins.

[55]De Groot, A., & Hoecks, J. 1995. The development of bilingual memory: Evidence from word translation by trilinguals[J]. *Language Learning*, 45: 683-724.

[56]De Houwer, Annick. 1990. *The acquisition of two languages from birth: A case study*[M]. Cambridge: Cambridge University Press.

[57]de Leeuw, E., Opitz, C., & Lubinska, D. 2013. Dynamics of first language attrition across the lifespan[J]. *International Journal of Bilingualism*, 17: 667-674.

[58]Dewaele, J. 1998. Lexical inventions: French interlanguage as L2 versus L3[J]. *Applied Linguistics*, 19: 471-490.

[59]Dewaele, J. 2001. Activation or inhibition? The interactive of L1, L2 and L3 on the language mode continuum. In J. Cenoz, B. Hufeisen, U. Jessner (eds.) *Cross-linguistic influence in third language acquisition: psycholinguistic perspectives*[M]. Multilingual Matters Ltd. 69-89.

[60]Dijkstra, A. 2003. *Lexical processing in bilinguals and multilinguals: The word selection problem*. In J. Cenoz, B. Hufeisen, & U. Jessner (Eds.), *The multilingual lexicon* (11-26)[M]. Dordrecht: Kluwer Academic.

[61]Dörnyei, Z. 1998. Motivation in second and foreign language learning[J]. *Language Teaching*, 31 (03): 117-135.

[62]Dörnyei, Z. 2007. *Research Methods in Applied Linguistics: Quantitative, Qualitative and Mixed Methodologies*[M]. Oxford: Oxford University Press.

[63]Dörnyei, Z. 2005. *The psychology of the language learner: Individual differences in second language acquisition*[M]. Mahwah, NJ: Lawrence Erlbaum.

[64]Dörnyei, Z. 2009. *The L2 motivational self system*. In Z. Dörnyei, & E. Ushioda (Eds.), *Motivation, language identity and the L2 self* [M]. UK: Clevedon. Dörnyei & AL-Hoorie.

[65]Dörnyei, D. MacIntyre, P.D. Henry, A.2015. *Motivational Dynamics in Language Learning*[M]. Bristol: Multilingual Matters.

[66]Dörnyei, Z. & Clément, R. 2001. *Motivational characteristics of learning different target languages: Results of a nationwide survey*. In Dörnyei, Z. and Schmidt, R. (eds), *Motivational and Second Language Acquisition*[M]. Honolulu, HI: University of Hawaii Press: 399-432.

[67]Ecke, P. 2004. Language attrition and theories of forgetting: A cross-disciplinary review[J]. *International Journal of Bilingualism*, 8: 321-354.

[68]Ellis, N. 1996. Sequencing in SLA: Chunking, phonological memory and points of order[J]. *Studies in Second Language Acquisition*, 18: 95-132.

[69]Ellis, N.C. 2008. The dynamics of second language emergence: cycles of language use, language change, and language acquisition[J]. *The Modern Language Journal*, 232-249.

[70]Evans, Gary W. Maxwell, Lorraine E.; & Hart, Betty. 1999. Parental language and verbal responsiveness to children in crowded homes[J]. *Developmental Psychology*, 35: 1020-1023.

[71]Ferguson, Charles A.& Farwell, Carol B. 1975. Words and sounds in early language acquisition[J]. *Language*, 51: 419-439.

[72]Flege, J. E. 1987. The production of "new" and "similar" phones in a foreign language: Evidence for the effect of equivalence classification[J]. *Journal of Phonetics*, 15: 47-65.

[73]Fletcher, P. & Garman, M. 1986. *Language Acquisition: Studies in first language development*[M]. Cambridge: Cambridge University Press.

[74]Fletcher, P. and MacWhinney, B. (eds). 1995. *Handbook of Child Language*[M]. London: Blackwell.

[75]Flynn S, Foley C & Vinnitskaya I. 2004. The cumulative-

enhancement model for language acquisition: Comparing adults' and children's patterns of development in first, second and third language acquisition of relative clauses[J]. *International Journal of Multilingualism*, 1（1）: 3-16.

[76]Fouser, R.J. 2001. *Too Close for Comfort? Sociolinguistic Transfer from aniseese into Korean as an L≥3*. in Cenoz J. Jufeisen, B.& Jessner, U.（eds）*Cross-Linguistic Influence in Third Language Acquisition: Psycholinguistic Perspectives*[M].New York: Multilingual Matters Ltd.

[77]Ganger, J. & Brent, M.R. 2004. Reexamining the vocabulary spurt[J]. *Developmental psychology*, 40: 621-32.

[78]Gardner, R.C. & MacIntyre, P.D. 1993. A student's contributions to second language learning. Part Ⅱ: Affective variables[J]. *Language Teaching*, 26, 1-11.

[79]Gass, S.M.& Selinker, L. 2008. *Second Language Acquisition: An Introductory Course*[M]. New York: Routledge.

[80]Ge Wang, Stephen A. Bahry & Weiwu An, 2022. *Minority Language Revitalization and Social Media through the Lens of Covid-19 in Yunnan and Gansu, western Chian*.[M]. Journal of Multilingual and Multicultural Development.

[81]Ginsberg, R. B. 1986. Issues in the analysis of language loss: Methodology of the language skills attrition project. In B. Weltens, K. de Bot, & T. J. M. van Els（Eds.）, *Language attrition in progress*（pp.19-36）[M]. Dordrecht: Foris.

[82]Granena, G. & Long, M.H. 2013. Age of onset, length of residence, language aptitude, and ultimate L2 attainment in three linguistic domains[J]. *Second Language Research*, 29（3）: 311-343.

[83]Green, D.W. 1986. Control, activation and resource: a framework and a model for the control of speech in bilinguals[J]. *Brain and Language*, 27: 210-223.

[84]Grosjean, F. 1992. Another view of bilingualism. In R.J. Harris（ed.）*Cognitive Processing in Bilinguals*[M]. Amsterdam: North Holland. 51-62.

[85]Grosjean, F. 2001. The bilingual's language modes. In J.L. Nicol (ed.) *One Mind, Two Languages: Bilingual Language Processing*[M]. Oxford: Blackwell. 1-22.

[86]Hayashi, Y. 2011. An investigation of morphological awareness in Japanese learners of English[J]. *The Language Learning Journal*, 105-120.

[87]Henry, A. 2010. Contexts of possibility in simultaneous language learning: using the L2 Motivational Self System to assess the impact of global English[J].*Journal of Multilingual and Multicultural Development*, 31: 2+149-162.

[88]Henry, A. 2011. Examining the impact of L2 English on L3 selves: A case study[J]. *International Journal of Multilingualism*, 8: 235-255.

[89]Henry, A. 2012. *L3 motivation*[M]. Gothenburg, Sweden: Gothenburg University Press.

[90]Henry, A. 2015. The Dynamics of L3 Motivation: A longitudinal interview/observation based study. In Z. Dörnyei, P.D. MacIntyre and A. Henry (eds.) *Motivational Dynamics in Language Learning*[M]. Bristol: Multilingual Matters.

[91]Herdina, P.& Jessner, U. 2000. The Dynamics of Third Language Acquisition in Cenoz, J.& Jessner, U. (eds). *English in Europe: The Acquisition of a Third Language*[M]. New York: Multilingual Matters Ltd.

[92]Herdina, P., & Jessner, U. 2002. *A dynamic model of multilingualism: Changing the psycholinguistic perspective*[M]. Clevedon, UK: Multilingual Matters.

[93]Herdina, P., & Jessner, U. 2013. The implications of language attrition for dynamic systems theory: Next steps and consequences[J]. *International Journal of Bilingualism*, 17: 752-756.

[94]Higgins, E.T. 1987. Self-discrepancy: A theory relating self and affect[J]. *Psychological Review*, 94: 319-340.

[95]Higgins, E.T. 1996. The 'self-digest': Self-knowledge serving self-regulatory functions[J]. *Journal of Personality and Social*

Psychology, 71（6）: 1062-1083.

[96]Hoff-Ginsberg, Erika. 1998. The relation of birth order and socioeconomic status to children's language experience and language development[J]. *Applied Psycholinguistics*, 19, 603-629.

[97]Hoffmann, C. 1999. *The Status of Trilingualism in Bilingualism Studies*[M]. Plenary presented at the International Conference on Third Language Acquisition and Trilingualism, Innsbruck.

[98]Hoffmann, C. & Ytsma, J. 2004. *Trilingualism in Family, School and Community*[M]. New York: Multilingual Matters Ltd.

[99]Jessner, U. 2008. A DST model of multilingualism and the role of metalinguistic awareness[J]. *Modern Language Journal*, 92: 270-283.

[100]Jusczyk, Peter W. 1997. *The discovery of spoken language*[M]. Cambridge, MA: MIT Press.

[101]Köpke, B. 2002. *Activation thresholds and non-pathological first language attrition*.[M].In F. Fabbro（Ed.）, Advances in the Neurolinguistics of Bilingualism. Udine: Forum University Press.

[102]Köpke & Schmid. 2004. First language attrition: The next phase. In M.S. Schmid, B. Köpke, M. Keijzer, M.& L. Weilemar（Eds.）*First language attrition: Interdisciplinary perspectives on methodological issues*（pp.1-43）[M]. Amsterdam: John Benjamins.

[103]Kroll, J.F., & Curley, J. 1988. Lexical memory in novice bilinguals: The role of concepts in retrieving second language words. In M. Gruneberg, P. Morris, & R. Sykes（Eds.）, *Practical aspects of memory*（Vol.2, pp.389-395）[M].NY: John Wiley & Sons.

[104]Kuhl, PK. 2007. Is speech learning 'gated' by the social brain?[J].*Dev. Sci.* 10: 110-20.

[105]Kuhl, PK. Rivera-Gaxiola, M. 2008. Neural Substrates of Language Acquisition[J].*Annu.Re.Neurosci.*31: 511-34.

[106]Kurashige R. A. 1996. Japanese returnees' retention of English-speaking skills: Changes in verb usage over time. In L. Hansen（Ed.）, *Second Language Attrition in Japanese Contexts*（pp.

21-58）[M]. New York: Oxford University Press.

[107]Lamarre, P. & Dagenais, D. 2004. Language Practices of Trilingual Youth in Two Canadian Cities. In Hoffmann, C. & Ytsma, J.（Eds）. *Trilingualism in Family, School and Community*[M]. New York: Multilingual Matters Ltd.

[108]Lantolf, J. P., & Poehner, M. E. 2014. *Sociocultural theory and the pedagogical imperative in L2 education: Vygotskian praxis and the research/practice divide*[M]. Abingdon/New York: Routledge.

[109]Laura Ann Petitto, Siobhan Holowka, Lauren E Sergio, Bronna Levy, and David Jostry. 2004. Baby hands that move to the rhythm of language: hearing babies acquiring sign languages babble silently on the hands[J]. *Cognition*, 93, 1（2004）: 43-73.

[110]Levelt, W.J.M. 1989. *Speaking: From Intention to Articulation*[M]. Cambridge, MA: MIT Press.

[111]Lyda, A. & Szczesniak. 2014. *Awareness in Action: The role of consciousness in language acquisition*[M]. Switzerland: Springer International Publishing.

[112]MacWhinney, B. 2015b. Multidimensional SLA. In S. Eskilde & T. Cadierno（Eds.）, *Usage-based perspectives on second language learning*（pp. 22-45）[M]. New York: Oxford University Press.

[113]Markman, E. M., & Hutchinson, J. E. 1984. Children's sensitivity to constraints on word meaning: Taxonomic vs. thematic relations[J]. *Cognitive Psychology*, 16: 1-27.

[114]Markus, H. R., & Nurius, P. 1986. Possible selves. American Psychologist, 4, 954 -969. http: //dx.doi.org/10.1037/0003-066X.41.9.954.

[115]Monolingual Britain: They all speak English. 2006. The Economist.

http://www.economist.com/research/articlesBySubject/displaystory.cfm?subjectid=922074&story_id=8418152（13 November, 2007）.

[116]Moorcroft, R. & Gardner, R.C. 1987. Linguistic factors in

second-language loss[J]. *Language learning*.37（3）:327-340.

[117]Mitchell, R., Myles, F.& Marsden, E. 2019. *Second language learning theories*[M]. NY: Routledge.

[118]Mohanan, K.P. 1993. Fields of attraction in phonology. In Goldsmith, J.A.（Ed）.*The last phonological rule: Reflections on constraints and derivations*[M].Chicago: University of Chicago Press.

[119]Montrul, S. 2009. Incomplete acquisition of Tense-Aspect and Mood in Spanish heritage speakers: Special issue of[J].*The International Journal of Bilingualism*, 13（2）: 239-269.

[120]Muñoz, C. 2014. Contrasting effects of starting age and type of input on the oral performance of foreign language learners[J]. *Applied Linguistics*, 35: 463- 482.

[121]Murray, G., Gao, X.& Lamb, T. 2011. *Identity, Motivation and Autonomy in Language Learning*[M]. NY: Multilingual Matters.

[122]Newport, EL, Aslin, RN. 2004a. Learning at a distance I. Statistical learning of nonadjacent dependencies[J]. *Cogn. Psychol*.48: 127-62.

[123]Newport, Elissa; Gleitman, Henry; & Gleitman, Lila R. 1977. "Mother, I'd rather do it myself": Some effects and non-effects of maternal speech style. In C.E. Snow & C.A. Ferguson(eds.), *Talking to children: Language input and acquisition*（109-149）[M]. Cambridge: Cambridge University Press.

[124]Nicoladis, E, & Genesee, F. 1996. A longitudinal study of pragmatic differentiation in young bilingual children[J]. *Language Learning*, 46: 439-464.

[125]O'Grady, W. 2008a. Does emergentism have a chance？ In: H. Chan, H. Jacob, E. Kapia(Eds.), *Proceedings of 32nd Annual Boston University Conference on Language Development*[M]. Cascadilla Press, Somerville, MA.

[126]Ortega, L. 2013. *Understanding second language acquisition*[M]. Abingdon: Routledge.

[127]Oxford, R.L. 1990. *Language learning strategies: What every teacher should know*[M]. New York: Newbury House/

HarperCollins.

[128]Paradis, M. 2009. *Declarative and procedural determinants of second languages*[M]. Amsterdam: John Benjamins.

[129]Paradis, Johanne, & Genesee, Fred. 1996. Syntactic acquisition in bilingual children: Autonomous or independent?[J]. *Studies in Second Language Acquisition* 18: 1-25.

[130]Paribakht, T. & Wesche, M. 1997. Vocabulary enhancement activities and reading for meaning in second language vocabulary development. In J. Coady and T. Huckin (Eds.), *Second Language Vocabulary Acquisition: A Rationale for Pedagogy*[M]. New York: Cambridge University Press.

[131]Pavlenko, A. 2006. Bilingual selves. In A. Pavlenko (Ed), *Bilingual minds: Emotional experience, expression and representation*[M]. Clevedon, UK: Multilingual Matters.

[132]Pienemann, M. 1998. *Language processing and second language development: Processability Theory*[M]. Amsterdam, Netherlands: John Benjamins.

[133]Pollak, S.D. and Kistler, D.J. 2002. Early experience is associated with the development of categorical representations for facial expressions of emotion[J]. *Proceedings of the National Academy of Sciences*, 99: 9072-9076.

[134]Ringbom, H. 1985. The influence of Swedish on the English of Finnish learners. In H. Ringbom (ed.) *Foreign Language Learning and Bilingualism*[M]. Åbo: Åbo Akademi.

[135]Ringbom, H. 2007. *Cross-linguistic similarity in foreign language learning*[M]. Clevedon, UK: Multilingual Matters.

[136]Robinson, P. 2005. Aptitude and second language acquisition[J]. *Annual Review of Applied Linguistics*, 25: 45-73.

[137]Rothman, J. & Cabrelli Amaro, J. 2009. What variables condition syntactic transfer? A look at the L3 initial state[J]. *Second Language Research*, 25 (4): 1-30.

[138]Rothman, J. 2010. On the typological economy of syntactic transfer: Word order and relative clause high/low attachment

preference in L3 Brazilian Portuguese[J]. *International Review of Applied Linguistics in Teaching*, 48 (2-3): 245-273.

[139]Rothman, J. 2011. L3 syntactic transfer selectivity and typological determinacy: The typological primacy model[J]. *Second Language Research*.27 (1): 107-127.

[140]Rumelhart, D.E. & McClelland, J.L. 1981. Interactive processing through spreading activation. In C. Perfetti & A. Lesgold (Eds.), *Interactive processes in reading*[M]. Hillsdale NJ: Erlbaum.

[141]Saffran, Jenny R.; Aslin, Richard N.; & Newport, Elissa L. 1996. Statistical learning by 8-month-old infants[J]. *Science*, 274: 1926-1928.

[142]Schmid, M.S. 2002. *First language attrition, use and maintenance: The case of German Jews in Anglophone countries*[M]. Amsterdam: Benjamins.

[143]Zann Boo et al. 2015. L2 motivation research 2005-2014: Understanding a publication surge and a changing landscape[J]. *System*. 145-157.

[144]Schmid, M.S. & Mehotcheva, T. 2012. Foreign language attrition[J]. *Dutch Journal of Applied Linguistics*, 1-26.

[145]Sharwood Smith, M. A. 1989. Crosslinguistic influence in language loss. In K. Hyltenstam and L. K. Obler (eds.) *Bilingualism across the lifespan: Aspects of acquisition, maturity and loss*, 185-201[M]. Cambridge: Cambridge University Press.

[146]Köpke, B.; Schmid, M. S. 2004. First Language Attrition: The Next Phase. In: Schmid, M.S.; Köpke, B.; Keijzer, M.; Weilemar, L. (Ed). *First Language Attrition: Interdisciplinary Perspectives On Methodological Issues*[M]. Amsterdam/Philadelphia: John Benjamins.

[147]Silven M, Kouvo A, Haapakoski M, Lähteenmäki V, Voeten M, et al. 2006. Early speech perception and vocabulary growth in bilingual infants exposed to Finnish and Russian[M]. Poster presented at Lang. Acquis. Biling. Conf., Toronto.

[148]Singh, R. and Carroll, S. 1979. L1, L2, and L3[J]. *Indian*

Journal of Applied Linguistics. 5（1）: 51-63.

[149]Sjöholm, Kau. 1995. The Influence of Crosslinguistic, Semantic, and Input Factors on the Acquisition of English Phrasal Verbs: A comparison between Finnish and Swedish learners at an intermediate and advanced level[Z]. Abo, Finland: Abo Akademi University Press.

[150]Snow, C. E., & Hoefnagel-Höhle, M. 1977. Age differences in the pronunciation of foreign sounds[J]. *Language and speech*, 20 (4), 357-365.

[151]Snow, C.E., & Hoefnagel-Hohle, M. 1978. The critical period for language acquisition[J]. *Child Development*, 49: 1114-1128.

[152]Slabakova, R. 2016. *Second Language Acquisition*[M]. Oxford: Oxford University Press.

[153]May, S. 2013. *The multilingual turn: implications for SLA, TESOL, and bilingual education*[M]. New York, NY: Routledge.

[154]Taura, H. & Taura, A. 2000. Reverse language attrition observed in Japanese returnee students English productive skills[J]. *Journal of Fukui Medical University*, 1: 535-543.

[155]Truscott,J. & Smiths,M.S. 2004. Acquisition by processing: A modular perspective on language development[J]. *Bilingualism: language and cognition*,7（1）: 1-20.

[156]Ulrike Jessner, 2008. Teaching third languages: Findings, trends and challenges[J]. *Lang. Teach.*,41（1）: 15-56.

[157]Lee J, VanPatten B. 1995. *Making communicative language teaching happen*[M]. New York: McGraw-Hill.

[158]Els, T. van. 1986. "An overview of European research on language attrition". In B. Weltens, K. de Bot and T. van Els（eds）, *Language attrition in progress*[M]. Dordrecht: Foris.

[159]VanPatten B. & Williams, J. 2015. *Theories in second language acquisition*[M]. New York: Routledge.

[160]Volterra, Virginia, & Taeschner, Traute. 1978. The acquisition and development of language by a bilingual child[J]. *Journal of Child Language*, 5: 311-326.

[161]Wang, M. 2014. An investigation into English vocabulary attrition among college students of non-English majors in inner Mongolia University for the Nationalities[J]. *English Language and Literature Studies*, 4（4）: 62-71.

[162]Weinreich, U. 1953. The Russification of Soviet Minority Languages[J]. *Problems of Communism*, 2（6）: 46-57.

[163]William, S. and Hammarberg, B. 1998. Language switches in L3 production: Implications for a polyglot speaking model[J]. *Applied Linguistics*, 19: 295-333.

[164]Wlosowicz, T.M. 2017. English language attrition in teachers: Questions of language proficiency, language maintenance, and language attitudes[J]. *Theory and Practice of Second Language Acquisition*, 3（1）.

[165]Yashima, T., & Arano, K. 2015. Understanding EFL learners' motivational dynamics: A three-level model from a dynamic systems and sociocultural perspective. In Z. Dörnyei, P. D. MacIntyre, & A. Henry（Eds.）, *Motivational dynamics in language learning*[M]. Bristol, UK: Multilingual Matters.

[166]Yoshitomi, A. 1999. On the loss of English as a second language by Japanese returnee children. In Hansen, L.（Eds）. *Second language attrition in Japanese contexts*（pp.80-113）[M]. New York: Oxford University Press.

[167]You, C.J. & Dörnyei, Z. 2016. Language Learning Motivation in China[J]. *Applied linguistics*, 37/4: 495-519.